高等院校医学实验教学系列教材

医用有机化学实验

主　编　李尚德

副主编　佘　戟　杨雪梅

编　者　（以姓氏笔画排序）

马爱青　尹刚强　孙　静

杨雪梅　李尚德　吴喜仁

佘　戟　陈兰美　陈嘉曦

曾　荣

科学出版社

北　京

内 容 简 介

本书共分四章，第一章介绍了与医用有机化学实验有关的基本知识和基本要求，包括实验目的、实验守则、有机化学实验常用仪器与化学药品的使用事项、实验报告的格式和要求等；第二章为经典性实验15个；第三章为综合性实验8个；第四章为创新性实验3个。每个实验除介绍了实验目的、原理、操作步骤外，还附有思考题。实验内容主要涉及有机物的理化常数测定，有机物提取、分离、纯化、鉴定及药物合成等。另外，在附录中提供了常用酸和碱、常用有机化合物的物理常数、常用试剂与常用洗涤液的配制及元素的相对原子质量等数据资料，以供查阅。

本书可供医学院校临床、口腔、麻醉、影像、法医、检验、预防、药学及护理等专业学生使用，亦可供相近专业的学生选用，并可供教师参考。

图书在版编目(CIP)数据

医用有机化学实验 / 李尚德主编 . —北京：科学出版社，2011

ISBN 978-7-03-029788-4

Ⅰ. 医… Ⅱ. 李… Ⅲ. 医用化学：有机化学-化学实验-医学院校-教材
Ⅳ. R313-33

中国版本图书馆 CIP 数据核字(2010)第 248986 号

责任编辑：周万灏　李国红 / 责任校对：陈玉凤
责任印制：赵　博 / 封面设计：黄　超

科 学 出 版 社 出版
北京东黄城根北街16号
邮政编码：100717
http://www.sciencep.com
三河市骏杰印刷有限公司印刷
科学出版社发行　各地新华书店经销
*
2011年1月第　一　版　　开本：787×1092　1/16
2025年2月第十七次印刷　　印张：6 3/4
字数：148 000

定价：25.00 元

（如有印装质量问题，我社负责调换）

高等院校医学实验教学系列教材
编写指导委员会

总　序

随着21世纪经济与社会的发展，科学技术既向纵深发展、不断分化，又互相渗透、不断融合；同时，新兴学科与边缘学科的兴起、新技术的应用、信息量的剧增，对医学的发展产生了重大而深远的影响，这些必将促进医学教育的全面改革。实验教学作为高等教育的重要组成部分，是学生实践能力和创新能力培养的重要途径，其重要性已受到越来越广泛的关注。

目前，传统实验教学模式仍占主导地位，存在不少弊端和不足：以学科为基础构建的课程体系，忽略了生命科学的整体性、系统性；学科体系繁多，相互孤立，学科间联系不够；实验室分散，功能单一，设备重复购置，资源浪费，效率低下，调配困难；实验教学内容陈旧，手段落后，方式老化，实验内容以验证理论为主，缺少现代医学实验内容；医学生学习的积极性、主动性不强。这些明显滞后于现代医学的发展，影响教学质量，不利于大学生创新意识和实践能力的培训，难以培养出高素质、创新型的医学人才。如何改革传统的实验教学体系，培养具有创新精神、知识面广、动手能力强的新型医学人才，已成为当务之急。教育部、卫生部《关于加强医学教育工作，提高医学教育质量的若干意见》(教高〔2009〕4号)明确提出"高等学校要积极创新医学实践教学体系，加强实践能力培养平台的建设。积极推进实验内容和实验模式的改革，提高学生分析问题和解决问题的能力"，进一步明确了医学实验教学的重要性和改革的必要性。根据教育部文件精神，要对传统医学实验教学模式进行改革，最大限度地整合有限资源，优化重组教学实验室，依托相关学科优势，与学科建设相结合，构建开放共享的实验教学中心，力求突出和贯彻执行教育部提出的"三基"、"五性"和注重实用性的要求，以培养学生的探索精神、科学思维、实践能力和创新能力。构建新型的医学实验教学体系，要求我们从根本上改变实验教学依附于理论教学的观念，理论教学与实验教学要统筹协调，既有机结合又相对独立，建立起以能力培养为主线，分层次、多模块、相互衔接的实验教学体系。

以教学内容和课程体系改革为核心、培养高素质、创新型人才为目标，科学整合实验教学内容，打破既往学科框架，按新构建的科学体系，编写适合创新性实验教学体系的配套实验教材已显非常迫切。在科学出版社的大力支持下，高等院校医学实验教学系列教材编委会以广东医学院为主体，协同重庆医科大学、中山大学等全国33所高等医药院校相关专业的167名专家、教授共同编写了这套实验教学系列教材。全系列教材共26本，分别是《医学物理学实验》、《医用基础化学实验》、《医用有机化学实验》、《系统解剖学实验》、《医学机能学实验教程》、《病原生物学与医学免疫学实验》、《生物化学与分子生物学实验指导》、《病理学实习指南》、《计算机应用基础上机与学习指导》、《预防医学实习指导》、《卫生统计学实习指导》、《流行病学实习指导》、《临床营养学实习指导》、《营养与食品卫生学实习指导》、《毒理学基础实验指导》、《环境卫生与职业卫生学实习指导》、《健康评估实验指导》、《护理学基础实验指导》、《内科护理学实验指导》、《外科护理学实验指导》、《妇产科护理学实验指导》、《儿科护理学实验指导》、《药理学实验教程》、《药学实验指导》、《临床免疫学检验实验》、《核医学实验教程》。

本系列实验教学规划教材是按照教育部国家级实验教学示范中心的要求组织策划，根据专业培养要求，结合专家们多年实验教学经验，并在调研当前高校医药实验室建设的实际情况基础上编写而成，充分体现了各学科优势和专业特色，突出创新性。同时借鉴国外同类实验教材的编写模式，力求做到体系创新、理念创新。全套教材贯彻了先进的教育理念和教学指导思想，把握了各学科的总体框架和发展趋势，坚持了理论与实验结合、基础与临床结合、经典与现代结合、教学与科研结合，注重对学生探索精神、科学思维、实践能力的培养，我们深信这套教材必将成为精品。

本系列实验规划教材编写对象以本科、专科临床医学专业为主，兼顾预防、基础、口腔、麻醉、影像、药学、中药学、检验、护理、法医、心理、生物医学工程、卫生管理、医学信息等专业需求，涵盖全部医学生的医学实验教学。各层次学生可按照本专业培养特点和要求，通过对不同板块的必选实验项目和自选实验项目相结合修选实验课程学分。

由于医学实验教学模式尚存在地区和校际间的差异，加上我们的认识深度和编写水平有限，本系列教材在编写过程中难免存在偏颇之处，敬请广大医学教育专家谅解，欢迎同行们提出宝贵意见。

高等院校医学实验教学系列教材编写指导委员会

2010年6月

前 言

有机化学是高等医学院校学生必修的基础课程之一，实验课是有机化学教学的一个重要环节，为学生提供感性认识和理论印证，让学生掌握正确实验操作方法与基本技能，培养学生独立思考、独立工作的能力，以及严谨的科学作风和实事求是的科学态度。随着高等医学院校有机化学教学的发展和教学实践的需要，面对21世纪医学人才的培养目标，以利于全面推行学生综合素质教育及创新能力的培养，我们编写了这本《医用有机化学实验》，供高等医学院校的临床、口腔、麻醉、影像、法医、检验、预防、药学及护理等本科专业的学生使用。

本书是以有机化学教学大纲为依据，以我校长期开设的实验为基础，参照全国医药院校的教学现状，结合多年的教学实践经验，经反复讨论后确定的。全书共分四章，包括有机化学实验基本知识与经典性实验、综合性实验及创新性实验共26个，每个实验除主要介绍了实验目的、原理、仪器与试剂、操作步骤外，还附有思考题。实验内容主要涉及有机物的理化常数测定，有机物的提取、分离、纯化、鉴定及药物合成等。针对目前医学课程设置及医学化学学时减少的情况，本书注重培养学生的基本操作技能，加强了基本操作技能训练的内容，削减了验证性实验内容，以达到实验课中对学生综合能力的培养，提高学生分析问题、解决问题和独立思考、独立工作的能力。在加强基本操作和技能，提高学生实践能力的同时，兼顾创新性实验，激发学生的学习兴趣，提高实验能力，启迪学生的科学思维和创新意识，为今后的学习和工作奠定基础。另外，书中对蒸馏、层析、重结晶及合成实验等的药品用量由常量改为半微量。这些半微量实验对学生实验技能、实验准确性和精密度、学生自身综合能力等方面都提出了更高的要求。有利于培养学生严谨的科学态度、规范化的操作技能，有利于提高实验课教学质量，为今后开展科研工作中微量、半微量实验的衔接打下坚实基础。还可节省试剂并减少环境污染，达到提高实验教学效率的目的。

本教材的编写工作是在《全国高等院校医学实验教学规划教材》编写指导委员会的组织布置下完成的，得到了广东医学院的领导和科学出版社的大力支持。在此，谨致以诚挚谢意！

由于编者水平有限，书中错误和不妥之处在所难免，敬请广大师生批评指正。

编 者

2010年9月

目　　录

第一章　有机化学实验基本知识

一、有机化学实验目的

有机化学是一门以实验为基础的学科。有机化学实验是有机化学课程不可缺少的一个重要组成部分，是培养学生独立操作、观察记录、分析归纳、撰写报告等多方面的重要环节。其基本内容包括基本操作技术，有机物物理性质和化学性质的认识、实验测定、鉴别，有机物制备、提取和分离等。学习有机化学必须认真做好有机化学实验。其主要目的是：

（1）通过实验，使学生掌握有机化学实验的基本操作技能。培养学生能正确进行性质实验、分离、鉴定和制备实验的能力；只有正确操作，才能得出准确数据和结果。

（2）使课堂中讲授的重要理论和概念得到验证、巩固、充实和提高，并适当扩大知识面。

（3）培养学生独立思考、分析问题、解决问题和创新的能力。学生需要学会联系课堂讲授的知识，仔细观察和分析实验现象，认真处理数据并概括现象，从中得出结论。

（4）培养学生实事求是和严谨认真的科学态度。如果发现实验现象与理论不符合时，应检查操作是否正确或所应用的理论是否合适等。做到设计科学、安排合理、操作正确、观察细致、分析准确及推断合乎逻辑等，这些都是做好实验的必要条件。

（5）培养学生能写出合格的实验报告、初步会查阅文献的能力。

二、学生实验守则

（1）实验前做好预习，熟悉实验内容，明确实验目的、原理、步骤、要求、方法及有关注意事项。

（2）最少提前5分钟进入实验室且必须穿白大衣，遵守实验室的各项规章制度，保持室内的肃静、整洁，不得高声谈笑与随便走动，关闭手机与随身听等设备。

（3）实验中要严格操作，细心观察，认真记录，积极思考、分析实验现象和结果，按要求认真写好实验报告。

（4）爱护仪器设备，爱惜药品和实验材料。

（5）注意安全，避免打破玻璃仪器，养成良好的习惯。实验中如损坏仪器，应及时报告老师且立即领回新的仪器。

（6）废纸、火柴梗及实验中产生的或用过的固体物等杂物不得倒入水槽中或随地乱抛，应倒入垃圾桶中。

（7）实验完毕，应及时清洗器皿并搞好台面清洁，将试剂与公共仪器整齐置于实验台上；其他如酒精灯、烧杯、量筒、洗瓶等一律放置于柜中。

（8）学生轮流做值日生，打扫实验室，清倒垃圾，整理台椅，关好水电、门窗等。

三、有机化学实验室规则

为保证实验顺利进行和培养良好的实验室作风，学生做实验时必须遵守下列实验室规则：

(1) 必须遵守实验室的各项规章制度，听从教师指导。

(2) 实验前应做好一切准备工作，认真进行实验预习，做到心中有数。

(3) 实验中应保持安静和遵守纪律，做到认真操作，仔细观察，如实记录，积极思考。不得大声说笑，不得擅自离开实验室。要注意安全，如有意外事故发生，必须立即报请教师及时解决和处理。

(4) 严格按照操作规程和实验步骤进行实验，牢记教师强调的实验关键和注意事项；学生若有新的见解或建议，要改变实验步骤和试剂规格及用量时，应先请示教师，获准后方可进行。

(5) 应经常保持实验室整洁，做到仪器、桌面、地面和水槽四净。待用的仪器药品应摆得井然有序。装置要规范、美观。废纸和火柴梗等固体废物应丢入指定地方，不得扔在地上或水槽中，废酸和废碱应小心倒入废液缸内。

(6) 爱护公物。公共仪器、药品和器材应在指定地点使用，用完后及时放还原处并保持其整洁，严格防止药品的互相污染。要节约水、电、煤气及消化性物品严格控制药品用量，要爱护仪器，仪器如有损坏要办理登记手续给予补发，并按制度赔偿。

(7) 使用精密仪器时，必须严格按照操作规程进行操作。如发现仪器有异常，应立即停止使用并报告实验老师，及时排除故障。

(8) 实验完毕后，必须及时做好实验后处理工作。处理废品，清洗、整理仪器，检查安全。根据原始记录，分析总结，做好实验报告，经教师允许后方可离开实验室。

(9) 学生轮流值日，值日生应负责整理公共仪器、药品和器材，打扫实验室，清理公共实验桌面和水槽，倒清废物，检查水、电、火，关好门窗。

四、实验室的安全注意事项

(1) 不要用湿的手、物接触电流，水、电、煤气使用完毕立即关闭。

(2) 加热试管时，不要将管口指向自己或别人，不要俯视正在加热的液体，以免液体溅出受到伤害。

(3) 嗅闻气体时，应用手拂气体轻轻煽向自己后再嗅。

(4) 能产生有刺激性或有毒气体的实验应在通风橱内进行。

(5) 有毒的可溶性钡盐、镉盐、铅盐、砷和铬盐的化合物，特别是氰化物，不得进入口中或接触伤口，其废液不能倒入下水道，应统一回收处理。

(6) 汞易挥发，吸入体内会积累引起慢性中毒，所以应保持在水中。一旦洒落，应尽可能的回收或用硫黄粉覆盖，使其反应生成不挥发的硫化汞。

(7) 易燃物质，应尽可能使其远离火焰。

(8) 浓酸、浓碱具有强腐蚀性，切勿溅在衣服或皮肤上。稀释浓硫酸时，应将浓硫酸慢慢倒入水中，切勿将水注入浓硫酸中，以免溅出引起灼伤。

(9) 实验室的所有药品试剂有专人负责管理,并定期进行安全检查。

五、实验事故的预防

在进行有机化学实验时,所用的药品绝大多数是易燃、易爆、有毒和有腐蚀性的物质,所用的仪器大部分是玻璃制品,如使用处理不当,就有可能发生着火、爆炸、烧伤、割伤或中毒等事故,然而只要具有实验基本常识及注重安全操作,严格执行操作规程,并采取适当的预防措施,事故是完全可以避免的。

为了防止发生事故,保证实验正常进行,学生必须注意如下事项。

1. 着火的预防

在有机化学实验室,经常使用乙醇、乙醚、丙酮、汽油、乙酸乙酯和苯等易挥发、易燃烧的溶剂,若操作不慎,易引起着火事故。预防着火,应随时注意以下几点:

(1) 操作或处理易挥发、易燃烧的溶剂时,应远离火源。

(2) 切勿将易燃溶剂放在烧杯等广口容器中加热,也不能用直接明火加热,而应用回流装置并于水浴或蒸汽浴中进行。

(3) 回流或整理液体时应放沸石,以防溶液因过热暴沸而冲出。若加热后发现未加沸石,必须停止加热,待液体稍冷后再补加。

(4) 易燃及易挥发物,不得倒入废液缸内,大量的应倒入指定的回收瓶中,待专门处理;少量的可倒入水槽用水冲走。

(5) 在实验室里不准贮放大量易燃物质。

(6) 防止煤气管、阀漏气。

2. 爆炸的预防

实验时,仪器堵塞或装配不当,减压蒸馏使用不耐压的仪器,违章使用易爆物,以及反应过于猛烈,难以控制都有可能引起爆炸。为防止爆炸,应注意以下几点:

(1) 常压操作时,仪器装置必须与大气相通,切勿在封闭体系内进行加热或反应,并应防止仪器装置出现堵塞;否则,使其体系压力增加,导致爆炸。

(2) 减压蒸馏时,要用圆底烧瓶或吸滤瓶作为接受器,不得使用机械强度不大的仪器(如锥形瓶、平底烧瓶等);否则,可能发生爆炸。

(3) 切勿使易燃易爆的气体接近火源,如使用氢气、乙炔等时要保持室内空气畅通,严禁明火。

(4) 小心使用易爆物质,严格遵守操作规程。如有机过氧化物、芳香族多硝基化合物和硝酸酯等都不能受热或撞击,以免引起爆炸。含过氧化物的乙醚蒸馏时,有爆炸的危险,事先应用硫酸亚铁处理以除去过氧化物,而且不能蒸干。干燥的重金属乙炔化物受到撞击,立即爆炸。要及时用浓盐酸或浓硝酸使其分解。干燥的重氮盐受振动易爆炸。一般应现合成,随即使用。

(5) 反应过于猛烈,要根据不同情况采取冷冻和控制加料速度等。

3. 中毒的预防

实验中接触到的有机化合物,不少是有毒的,有的甚至是剧毒药品。人们所熟悉的苯,不但刺激皮肤,引起顽固性湿疹,而且对造血系统及中枢神经系统均有损害。误服5～10毫升甲醇即可产生严重症状,如恶心、呕吐、呼吸困难等,尤其以视神经损害最为明显,患者自觉两眼视力模糊，晚上看灯光有光晕，或视野缩小或有中心性暗点。苯酚能灼伤皮肤，引起坏死或皮炎。芳香硝基化合物中毒后，引起顽固性贫血及黄疸病。苯胺及其衍生物可引起贫血，且其影响持久。不少生物碱具有强烈毒性，少量即可导致中毒，甚至死亡。现有资料表明，化学致癌物质主要是有机物，除部分稠环芳烃外，苯、氯乙烯、联苯胺、β-萘胺等已证明对人类具有致癌性。丙烯腈、四氯化碳、硫酸二甲酯、环氧乙烷、非拉西丁等，现有证据表明对人类可能具有致癌性。产生中毒的主要原因是皮肤或呼吸道接触有毒药品所引起的。在实验中，要防止中毒，应切实做到以下几点：

(1) 切勿让化学药品沾在皮肤上，尤其是极毒的药品。称量任何药品都应使用工具，不得用手直接接触，并应特别注意避免伤口及擦伤部位与毒品接触。取用有腐蚀性化学药品时可戴橡皮手套和防护眼镜。实验完毕要及时认真洗手。

(2) 实验室应通风良好，尽量避免吸入化学药品的烟雾和蒸汽。处理有毒或有腐蚀性、刺激性物质时，应在通风橱中进行，防止有机物蒸汽扩散在实验室内。

(3) 不得用口尝试任何化学药品，严禁在实验室内饮食。沾染过有毒物质的器皿应及时清洗，并采取适当方法处理以破坏或消除其毒性。

六、实验事故的处理

1. 着火

一旦发生着火事故，不要惊慌失措，首先应立即熄灭附近所有火源，切断电源，迅速移去着火现场周围的易燃物，用石棉布、干砂或适当的灭火器材灭火。有机溶剂着火时，在大多数情况下，严禁用水灭火。因为它们一般比水轻，若用水浇，燃着的液体将在水面上蔓延开来，反使燃烧面积更加扩大。

桌面或地面有机溶剂着火，若火势不大，可用淋湿的抹布、石棉布盖熄或用干砂扑灭。仪器内溶剂着火时，最好用大块石棉布盖熄。而不要用砂子，以免打碎玻璃仪器。若火势较大，应使用泡沫灭火器和二氧化碳灭火器。如果电器设备着火，用二氧化碳或四氯化碳灭火器灭火(但由于四氯化碳在高温时产生剧毒的光气，故不宜在通风不良的实验室内使用)。无论采用何种灭火器，都应从火的四周开始向中心扑灭。

如果实验者衣服着火，切勿惊慌乱跑，以免因空气的扰动而使火焰扩大。可迅速脱下衣服或用石棉布、厚外套覆盖着火处；情况危急时应就地卧倒打滚，将火闷熄。

2. 烫伤

轻度烫伤应立即用冷水浸泡，不能弄破水泡，并涂以烫伤油膏如万花油、京万红等；重伤者应保持创伤面的清洁，并立即送医院。

3. 化学灼伤

皮肤被酸或碱灼伤时，应立即用大量清水冲洗，然后酸用 5%碳酸氢钠溶液(或肥皂水、稀氨水)洗，碱则用 1%乙酸溶液(或 5%硼酸溶液)洗；最后再用清水冲洗，并涂上药用凡士林。

皮肤被溴灼伤时，伤处立即用石油醚溶液或乙醇溶液冲洗，再用 2%硫代硫酸钠溶液洗，然后用蘸有甘油的棉花擦，再敷上烫伤油膏。

若酸液或碱液溅入眼中，立即用大量清水冲洗，可用洗眼杯或将橡皮管套上水龙头用慢水对准眼睛冲洗，若为酸液，再用 1%碳酸氢钠溶液冲洗；若为碱液，则再用 1%硼酸溶液冲洗，最后用水洗。冲洗后，如果眼睛仍未恢复正常，应马上送医院治疗。

应当着重指出的是,溴引起的灼伤往往特别严重。若将溴液溅入眼中,除迅速按上述酸液溅入眼中的方法做初步处理外,应立即送医院。

4. 玻璃割伤

如果为一般轻伤,应立即挤出污血,用消毒过的镊子取出玻璃碎片,用双氧水洗净伤口,涂上碘伏消毒,再用绷带包扎,不要使伤口接触化学药品引起中毒;如果为大伤口,应立即用绷带扎紧伤口上部,使伤口停止出血,急送医院。

七、实验预习、记录和实验报告的基本要求

1. 实验预习

学生在有机化学实验课开始时,必须阅读本书的第一部分,了解、熟悉有机化学实验的基本知识。

在进行每个实验前,必须认真预习有关实验的全部内容,明确目的要求,了解实验原理,熟悉内容和方法,弄清操作步骤,特别应着重注意实验的关键和安全问题,安排好实验计划。每个学生必须准备一本实验记录本,做好预习笔记。预习笔记除写出实验目的要求,实验原理和反应式,主要试剂和产物的物理常数,主要试剂规格及用量等外,还要根据实验内容用自己的语言写出简明的实验步骤(不要按书照抄)并注明做好实验的关键之处。总之,实验前做好充分的准备工作,做到心中有数。

2. 实验记录

实验时要认真操作,仔细观察,积极思考,并将观察到的实验现象及测得的各种数据及时、如实地记录在记录本上。不准在零星纸上暂记再转抄或者实验后凭记忆补记。记录必须做到简明、扼要、字迹端正和整洁。遇到反常现象,要实事求是记下来,并把当时的实验条件写清楚,以便分析其原因。实验记录是原始依据,实验工作者必须重视原始资料,不能随便涂改。

3. 实验报告

在实验操作之后,总结实验进行的情况,分析现象得出结论,总结有关数据得出实验结果,讨论实验中出现的问题,及时按一定格式写出实验报告,是完成实验的必不可少的一步,也是把直接感性知识提高到理性思维阶段的必要一步。实验报告要求条理清楚,文字简练,图表清晰、准确。

实验报告格式:

(1) 实验目的。

(2) 实验原理。

(3) 实验步骤与装置图。

(4) 实验记录(样品的名称、用量,实验的现象、结果或结论等)。

(5) 问题讨论。

八、仪器的清洗和干燥

1. 仪器的洗涤

实验时,必须使用清洁的玻璃仪器,以避免杂质混入反应体系中影响实验结果。应该

养成实验完毕后立刻洗净仪器的好习惯。立即洗涤，不但容易洗净，而且由于了解污物的成因和性质，便于找出处理污物的合适方法，例如，碱性污物和酸性污物分别用酸和碱液处理，就可能将污物除去，否则日子久了，就会给洗涤工作带来很多困难。

洗涤仪器的最简易方法是用毛刷和去污粉擦洗。有时肥皂里掺入一些去污粉，或用合成洗涤剂和去污粉，洗刷效果更好。洗刷后，再用清水将仪器冲洗干净。有时去污粉的微小粒子黏附在器壁上不易被水冲走，或用2%盐酸溶液摇洗一次，再用清水冲洗。仪器倒置，器壁不挂水珠，即已洗净，可供一般实验用。

有时遇到有机反应的残留物为胶状或焦油状物，用肥皂和去污粉很难洗净，这时可根据其性质采用回收的有机溶剂如乙醇溶液、丙酮溶液或石油醚溶液等浸泡，必要时可将浸泡有机溶剂的仪器在水浴上温热，以除去污物。

有机实验室里有时也用铬酸洗液洗涤仪器，因为铬酸洗液有很强的氧化性，对有机物和油污的去污能力特别强。在使用铬酸洗液前，应把仪器上的污物，特别是还原性物质尽量除去，倾去里面的水，然后缓缓倒入洗液，将仪器倾斜慢慢转动，让洗液充分润湿不干净的内壁，数分钟后把洗液倒回原瓶中。然后加入少量水，摇荡后，把洗液倒入废液缸内，最后用自来水把仪器冲洗干净。若污物为粘在内壁的少量炭化残渣，可加入少量洗液或浓硝酸，把残渣浸泡几分钟，再用游动小火焰均匀地加热该处，直至洗液开始冒气泡，此时炭化残渣被氧化即可除去，将用过的少量洗液弃去，不要倒回原瓶。然后如上法洗刷。

若玻璃仪器用于精制产品或做有机分析，用上法洗涤后，还要用蒸馏水荡洗二、三次。

有机实验室中常用超声波清洗器来清洗玻璃仪器，既省时又方便。只要把用过的仪器放在配有洗涤剂的溶液中，接通电源，利用声波的振动和能量，即可达到清洗仪器的目的。清洗过的仪器，再用自来水漂洗干净即可。

切忌盲目使用各种化学试剂和有机溶剂洗涤仪器。这样不仅造成浪费，而且还可能带来危险，特别是硝酸与许多有机物反应激烈，应注意避免发生意外事故。

2. 仪器的干燥

在有机实验中，有时需要干燥的仪器。仪器洗净后不能用布或纸去擦拭。否则，布或纸的纤维留在仪器壁上，沾污仪器。下面介绍几种干燥仪器的简单方法：

(1) 晾干：非立即使用的仪器，洗净后可以放置干燥处，任其自然干燥。例如，烧杯可倒置于柜子内；蒸馏烧瓶、锥形瓶和量筒等可倒套在试管架的木桩上；冷凝管可用夹子夹住，竖放在柜子里。

(2) 加热干燥：洗净的仪器可以口朝上放在电烘箱内烘干。烘箱的温度控制在105℃左右，经0.5至1小时后，停止加热，冷至室温再取出。如果急用，可用坩埚钳把仪器从烘箱里拿出来，放在石棉板上慢慢冷却，勿使很热的仪器碰到冷水或冷的金属表面，以免炸裂。带有刻度的计量仪器，不能在烘箱中烘干，因为它会影响仪器的精密度；厚壁仪器，如吸滤瓶、冷凝管等，也不宜在烘箱中烘干。如临时急用烧杯、锥形瓶和蒸发皿等可置于石棉网上，用小火烘干。试管可以直接用火烤干，但管口必须朝下，避免水珠倒流炸裂试管。

(3) 有机溶剂干燥：仪器急需干燥时，可采用这种方法。仪器洗净并尽量沥干后，加入少量乙醇溶液(或丙酮溶液)，倾斜并转动仪器，器壁上的水即与乙醇溶液混溶，然后将仪器内液体倒入回收瓶中，再用电吹风吹干。先通入冷风1至2分钟，当大部分溶剂挥发后，再吹入热风使之干燥完全(有机溶剂蒸汽易燃、易爆，故不宜先用热风吹)。吹干后，最后再吹冷风使仪器逐渐冷却。

九、有机化学实验室常用仪器

1. 常用玻璃仪器(图 1-1-1)

学生有机化学实验常备仪器和设备:烧杯 2 个(250ml、100ml 各 1 个)、锥形瓶(250ml) 2 个、量筒 2 个(50ml、5ml 各 1 个),玻璃漏斗、酒精灯、蒸发皿、玻璃棒、滴管、烧瓶夹、冷凝管夹、铁圈、铁架台、石棉网。

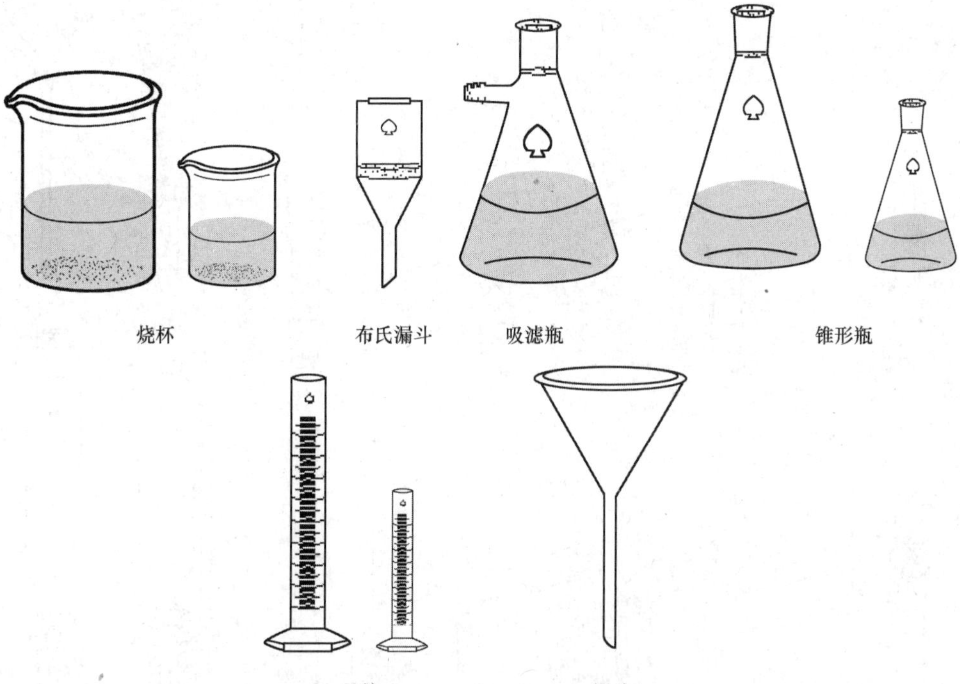

图 1-1-1　常用普通玻璃仪器

化学实验用的玻璃仪器一般是由钾玻璃制成,使用时要注意以下几点:

(1) 使用玻璃仪器时要轻拿轻放。

(2) 除试管可直接用火加热外,一般加热玻璃仪器时至少要垫石棉网,或在电热套内加热。

(3) 厚壁玻璃仪器如吸滤瓶,耐压不耐热,不能加热;锥形瓶、平底烧瓶不耐压,不能用于减压系统;广口容器如烧杯、广口瓶不能储放有机溶剂;计量容器如量筒不能高温烘烤,不能代替试管进行化学反应。

(4) 温度计不能当玻棒使用,温度计用后要缓慢冷却,特别是用有机液体作膨胀液的温度计黏度较大,冷却快了液柱可能断线。不能用冷水冲洗热温度计,以免炸裂。

(5) 玻璃仪器使用后要及时清洗、干燥(不急用时,通常以倒置晾干为好)。

(6) 具活塞的玻璃仪器如分液漏斗清洗后,若长时间不用,应在活塞与磨口之间垫上纸片,以防粘住。

(7) 冷凝管是在蒸馏和回流操作中用于冷凝馏液的仪器。直形冷凝管用于冷凝沸点在 140℃以下的液体;球形和蛇形冷凝管对蒸汽的冷凝效果比直形冷凝管要好些,适用于加热回流;空气冷凝管用于冷凝沸点在 140℃以上的液体。

2. 标准磨口仪器

在有机化学实验中，常用带有标准磨口的玻璃仪器，统称为标准磨口仪器。这种仪器可以和有相同编号的标准磨口相互连接。这样，既可免去配塞子及钻孔等手续，节约时间，使用方便，又能避免反应物或产物被软木塞或橡皮塞所沾污。常用的一些标准磨口仪器见图 1-1-2。

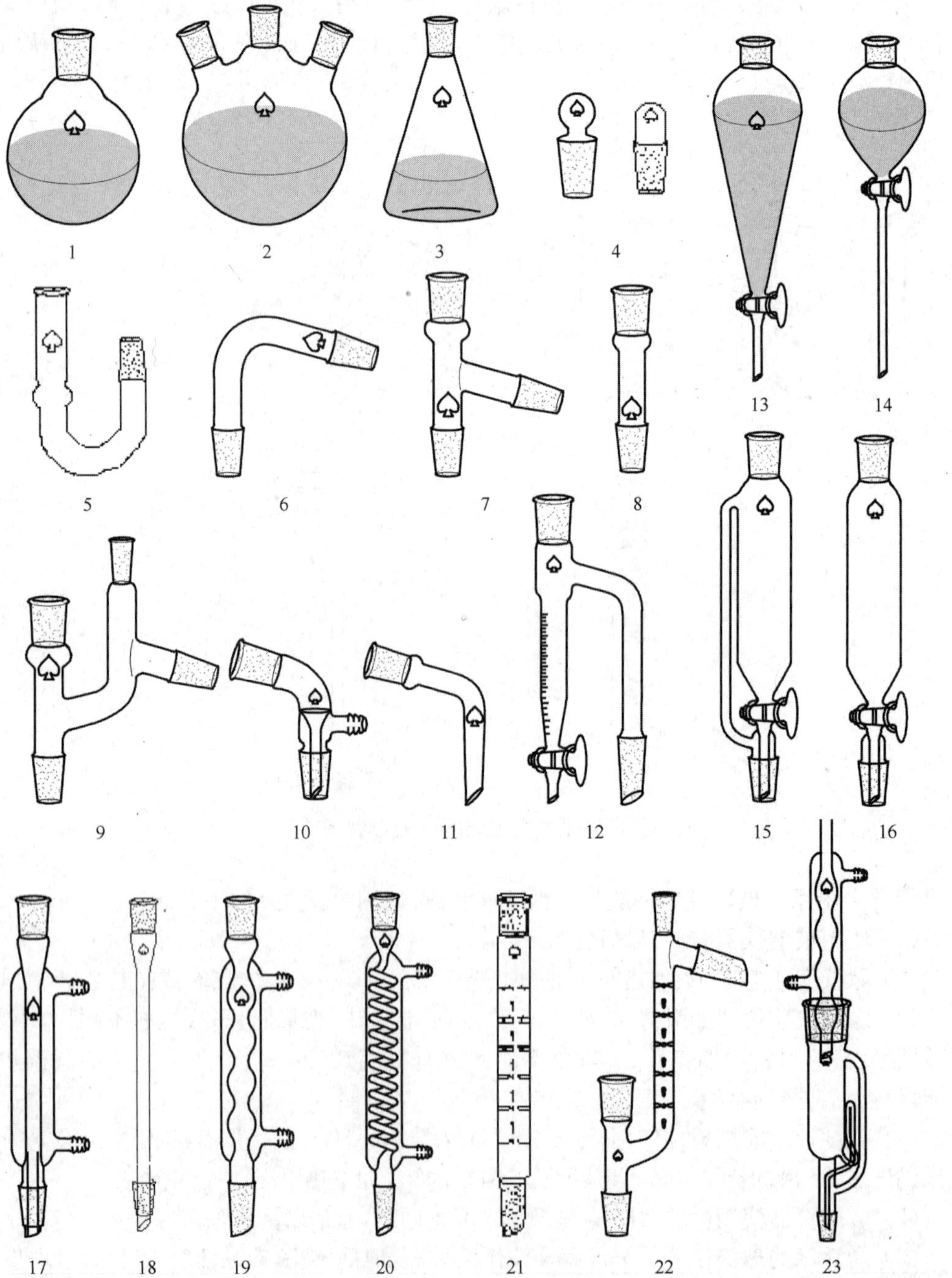

图 1-1-2 常用标准磨口玻璃仪器

1. 圆底烧瓶；2. 三口烧瓶；3. 磨口锥形瓶；4. 磨口玻璃塞；5. U 型干燥管；6. 弯头；7. 蒸馏头；8. 标准接头；9. 克氏蒸馏头；10. 真空接收管；11. 弯形接收管；12. 分水器；13. 恒压漏斗；14. 滴液漏斗；15. 梨形分液漏斗；16. 球形分液漏斗；17. 直形冷凝管；18. 空气冷凝管；19. 球形冷凝管；20. 蛇形冷凝管；21. 分馏柱；22. 刺形分馏头；23. Soxhlet 提取器

由于磨口的标准化、通用化，凡属相同号码的接口可以任意互换，可按需要组装各种形式的实验装置。

由于仪器的容量大小及用途不一，故有不同的编号，通常标准磨口有 10、14、19、24、29、34、40、50 等多种。这里的数字编号指磨口最大端直径的毫米数，相同编号的内、外磨口可以紧密连接。有的磨口仪器也常用两个数字表示磨口大小，例如 14/30，则表示此磨口最大处直径为 14 毫米，磨口长度为 30 毫米。有时两种玻璃仪器因磨口编号不同，无法直接连接时，则可借助于不同编号的磨口接头，使之连接起来。使用标准磨口仪器时应注意以下几点：

(1) 磨口必须洁净，不得粘有固体物质，否则会使磨口对接不紧密而导致漏气，甚至会损坏磨口。

(2) 用后应立即拆卸洗净；否则，长期放置后磨口的连接处常会粘牢，难以拆开。

(3) 一般使用时，磨口无需涂润滑剂，以免沾污反应物或产物。若反应物中有强碱，则应涂润滑剂，以免磨口连接处因碱腐蚀而粘牢，无法拆开。

(4) 安装标准磨口仪器装置时，应注意整齐、正确，使磨口连接处不受歪斜的应力；否则，仪器易破裂，特别是在加热时，仪器受热导致应力更大。

(5) 洗涤磨口时，应避免用去污粉擦洗，以免损坏磨口。

十、化学药品的存储及其使用事项

1. 化学药品的存储

一般化学药品都应储藏在带磨口塞(最好是标准磨口塞)的玻璃瓶内，高黏度的液体放在广口瓶内，一般性液体存放在细颈瓶内。一些特殊化学药品需要按下述要求储藏：

(1) 氢氧化钠和氢氧化钾及其溶液保存在带橡皮塞或塑料塞的瓶子内；碱金属存放在煤油中。

(2) 能与玻璃发生反应的化合物(如氢氟酸)，应使用塑料或金属容器。

(3) 黄磷以水覆盖。

(4) 对光敏感的物质(包括醚)应储藏在棕色玻璃瓶内。

(5) 对潮湿气体和空气敏感的物质常密封储藏在玻璃瓶中。

(6) 对产生毒性或腐蚀性蒸汽的物质(如溴、发烟盐酸、硫酸、氢氟酸等)应放在通风橱内。

(7) 某些剧毒性化学药品(如氰化物、砷及其化合物等)应按有关部门的规定进行储存。

2. 化学药品使用中的注意事项

易燃性和有毒性是有机溶剂使用中较突出的两个特点：

(1) 由于有机溶剂蒸汽一般都较空气的密度大，会沿着桌面或地面漂移至较远处，或沉积在低洼处。因此，在实验室里用剩的火柴梗切勿乱扔，以免引起火灾，也不要将易燃有机溶剂倒入废物缸中，更不要用开口容器盛放易燃有机溶剂。

(2) 由于有机溶剂大多数对人体有毒害，操作有毒试剂和物质时，实验室应充分通风，操作者必须戴橡皮手套或一次性塑料手套，操作后立即洗手。因此，在使用过程中应最大限度地减少与有机溶剂的直接接触，并注意切勿让有毒性化学药品触及五官或伤口。

第二章 经典性实验

实验一 常压蒸馏

【实验目的】

(1) 了解常压蒸馏的实际应用意义。

(2) 掌握常压蒸馏的原理和操作方法。

【实验原理】

从自然界和化学反应中得到的有机化合物，往往是不纯的，需要分离和提纯。分离和提纯的方法很多，如蒸馏、萃取、重结晶、升华、层析等，这些方法各有其特点和局限性，应用范围各不相同。因此，纯化有机化合物时，需要针对其物理性质和化学性质来选用适当的方法。

常压蒸馏是分离和纯化液态有机物质的常用方法之一，是重要的基本操作，必须熟练掌握。将液体加热至沸腾，使液体成为蒸汽，再使蒸汽冷凝到另一容器中成为液体，这两个过程的联合操作即为蒸馏。如蒸馏沸点差别较大的液体时，沸点较低者先蒸出，沸点较高的随后蒸出，不挥发的留在蒸馏器内，这样，可达到分离和提纯的目的。这类操作通常可分为常压蒸馏、减压蒸馏和水蒸气蒸馏。

液体在一定温度下具有一定的饱和蒸汽压，将液体加热时，它的饱和蒸汽压随温度的升高而增大，当液体的饱和蒸汽压大到和外压相等时液体沸腾，此时液体的温度就是该液体在此压力下的沸点。通常所说的沸点是指在一个标准大气压(101.325Kpa)下，液体沸腾的温度。由于不同地区大气压不完全相同，相应地沸点也不相同，故在记录液体的沸点时应标明相应的压力条件。

蒸馏时液体实际上是在一定的温度范围内沸腾，馏出液所对应的沸腾温度范围称为沸程。液体的沸点不仅与外界压力有关，而且与其组成有关。对于不能形成共沸点的混合液，沸程范围越小，馏出液越纯。

在一些混合物的蒸馏中，有时由于两种或多种物质组成共沸混合物，也有恒定的沸点，因此沸程范围较小或沸点恒定的液体不一定都是纯净的化合物。例如，95.6%的乙醇溶液和4.4%的水组成的共沸点混合物，沸点恒定在78.2℃。

为了消除在蒸馏过程中的过热现象和保证沸腾的平稳进行，在加热前应加入素烧瓷片或沸石，或一端封闭的毛细管(毛细管应有足够长度，其封闭一端应置于蒸馏烧瓶的颈部，开口一端朝下，不可横躺在瓶内)，这些物质受热后，能放出细小的空气泡，成为液体分子的气化中心，能够防止蒸馏过程中发生暴沸现象，故把它们称为止暴剂或助沸剂。当加热后发觉未加入助沸剂或原有的助沸剂失效时，千万不能匆忙地投入助沸剂。因为当液体在沸腾时投入助沸剂，将会引起猛烈的暴沸，液体易冲出瓶口。所以，应使沸腾的液体冷却至沸点以下后才能加入助沸剂。切记！如果蒸馏中途停止，后又需要继续蒸馏，也必须在加热前补添新的助沸剂，才安全。

常压蒸馏常用于以下几个方面：

(1) 分离液体混合物。混合液体各物质的沸点应相差在 40℃以上[1]，才可得到较好的分离效果。

(2) 测定化合物的沸点，是常量沸点测定法，使用时需注意可能含有杂质的影响。

(3) 提纯，除去不挥发的杂质。

(4) 回收溶剂，或蒸出部分溶剂以浓缩溶液。

【实验仪器与试剂】

1. 仪器

圆底烧瓶、蒸馏头、直型冷凝管[2]、接受器、温度计套管、温度计(100℃)、烧杯、铁架台 2 个、铁夹 2 个、铁环 1 个、酒精灯、冷凝水管。

2. 试剂

废乙醇或乙醇提取物。

【实验操作】

常压蒸馏是由安装仪器、加料、加热、收集馏出液四个步骤组成。

仪 器 安 装

常压蒸馏装置主要由蒸馏、冷凝和接收三部分组成。图 2-1-1 是常压蒸馏装置图(标准接口玻璃仪器)。

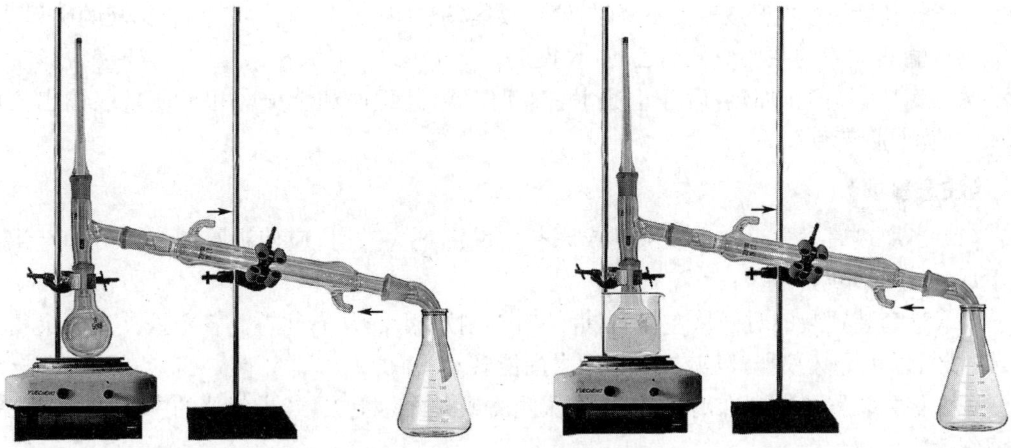

(a)　　(b)

图 2-1-1　常压蒸馏装置

(a) 为较高沸点物质的常压蒸馏装置图；(b) 为较低沸点物质的常压蒸馏装置图

根据蒸馏液的体积选择大小合适的蒸馏瓶。一般瓶内的液体量为烧瓶容积的 1/3～2/3。安装应先从热源开始，由下而上，然后沿馏出液流向逐一装好。根据热源的高低，先固定用以放置烧瓶的铁环，然后放上石棉网，用铁夹夹住烧瓶口，将其固定在铁架台上。在烧瓶口装上蒸馏头、温度计套管，然后将温度计插进去。温度计插入的深度应使水银球的上端与蒸馏头支管口的下端在同一水平线上，以保证在蒸馏时整个水银球能完全处于蒸汽中，准确地反映馏出液的沸点。根据蒸馏液沸点的高低，选择合适长度的冷凝管，在另一个铁架台上，用铁夹夹住冷凝管的重心部位(约中上部)。调整冷凝管位置使其与蒸馏头支管同轴，将其与蒸馏头支管紧密相连。然后接上接引管和接受容器，接受容器下面要垫牢，不可悬空。各个铁夹不要夹得过紧或过松，以免弄坏仪器，以夹住后稍用力尚能转动为宜。

整套装置要做到准确端正，不论从侧面或背面看上去，各个仪器的中心线都要在一条直线上。

常压蒸馏操作

1. 加料

将待蒸馏的液体(本实验用15ml废乙醇)通过长颈漏斗加入烧瓶中，或者沿着面对支管的瓶壁小心加入。加入2～3粒沸石或其他助沸剂，装好温度计，再检查一遍整套装置是否正确？各仪器之间连接是否紧密？

2. 加热蒸馏

加热前先用橡皮管接通冷却水，冷却水从下口通入，上口流出。把从上口流出的水引入水槽中，然后加热。加热过程中，注意观察烧瓶内液体的沸腾情况，当蒸汽上升到温度计水银球部位时，温度计读数会急剧上升至沸点，开始有馏出液流出。此时应调节热源，控制馏出液为每秒钟1～2滴的速度。这样可以维持温度计整个水银球处于蒸汽中，能观察到水银球上有被冷凝的液滴。此时温度计读数较准确地反映出液体与蒸汽平衡时的温度，即馏出液的沸点。

3. 收集馏出液

在蒸馏前准备两个接受容器。先收集主要组分以前沸点较低的馏出液，即“前馏分”。当温度计读数基本稳定在某一位置时，立即更换一个洁净、干燥的接收器，同时记下温度 T_1。当温度计读数开始快速上升或转而下降时，停止收集，记录温度 T_2，T_1～T_2 为收集液的沸程。

本实验蒸馏液的主要成分是乙醇，收集77.5～78.5℃的馏分。

蒸馏完毕，先停止加热，后停止通水，拆卸仪器，其程序和装配时相反。量取馏出液的体积，计算回收产率。

【注意事项】

(1) 当加热后发觉未加入助沸剂或原有的助沸剂失效时，应使沸腾的液体冷却至沸点以下后才能加入助沸剂。

(2) 整套装置装的时候从左往右，拆的时候刚好相反，从右往左。各个铁夹不要夹得过紧或过松，以免弄坏仪器，以夹住后稍用力尚能转动为宜。

(3) 整套装置要做到准确端正，不论从侧面或背面看上去，各个仪器的中心线都要在一条直线上。

(4) 在任何情况下，都不能将蒸馏瓶内的液体全部蒸干，以免烧坏仪器或发生其他意外事故。

【注释】

[1] 若沸点相差小于40℃，当低沸点物质沸腾时，高沸点物质亦有不小的蒸汽压，可随蒸馏过程进入馏出液中使产品不纯。

[2] 液体的沸点高于130℃的用空气冷凝管，低于130℃的用直形冷凝管，液体沸点很低时，可用蛇形冷凝管。

【思考题】

(1) 在进行常压蒸馏操作时应注意哪些问题(从安全和效果两方面来考虑)？

(2) 沸石应何时加入？加热后再投入沸石会有什么影响？沸石能否重复使用？为什么？

实验二　沸点的测定

【实验目的】

(1) 了解测定沸点的原理和意义。

(2) 掌握测定沸点的方法。

【实验原理】

液体的沸点与外界压力有关，通常所说液体的沸点，指在 101.325×10^3 帕压力(即一个标准大气压)下液体沸腾时的温度。在一个大气压下，纯液体有机化合物具有一定的沸点。在蒸馏过程中，沸点变动范围(沸程)很小，在 0.5～1℃左右。若是不纯的物质，蒸馏过程中沸点变动大[1]。因此，通过沸点的测定，可以鉴定液态有机物以及定性地检验其纯度。但必须指出，具有固定沸点的液体不一定都是纯净的化合物，例如普通酒精是 95.6％乙醇溶液和 4.4％水组成的二元共沸混合物，沸点为 78.2℃，共沸混合物在气相中的组成与液相中的相同。

【实验仪器与试剂】

1. 仪器

(1) 常量法测定：烧瓶、蒸馏头、温度计套管、冷凝管、接引管、锥形瓶、温度计、量筒、铁架台、铁环、铁夹。

(2) 微量法测定：烧杯，小玻管(内径 4～5mm、长 6～8cm)，毛细管(内径 1mm、长 8～10cm)，酒精灯，铁架台，铁环，铁夹。

2. 试剂

95％乙醇溶液、四氯化碳。

【实验操作】

沸点的测定有常量法和微量法两种。液体不纯时沸程变长，因此，不管用哪种方法来测定沸点，在测定之前必须设法对液体进行提纯。

常量法测定沸点

常量法测定沸点用的是常压蒸馏装置，操作方法也与常压蒸馏相同，见实验一。取 30ml 95％乙醇溶液蒸馏，测定其沸点范围(沸程)。此法样品用量大，需 10ml 以上。若样品量少，宜用微量法测定沸点，可以得到较满意的结果。

微量法测定沸点

1. 仪器装置

沸点管由内、外两管组成，外管是一只一端封闭的内径为 4～5mm，长 6～8mm 的小玻管；内管是一端封闭的内径约 1mm，长 8～10cm 的毛细管。注入约 4 滴样品液于沸点管的外管中，把内管开口的一端向下插入外管中，这样组成沸点管。将沸点管用橡皮圈固定在温度计上，并使样品液处于温度计的水银球旁，见图 2-2-1。将沸点管和温度计浸入烧杯的浴液中，浴液的高度为 5～6cm，温度计水银球的位置大约位于浴液的中部。

2. 测定方法

将浴液慢慢加热，使温度均匀上升，由于气体膨胀，毛细管中有断断续续的小气泡冒

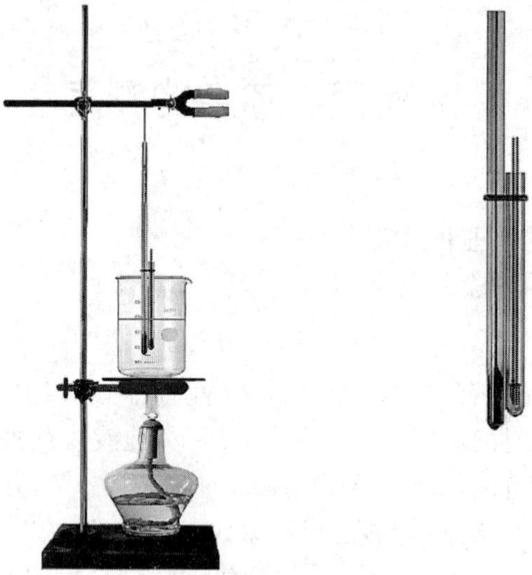

图 2-2-1 微量法测定沸点装置

出，在到达样品的沸点时，将有一连串的小气泡快速地逸出，此时应停止加热，使浴温自行下降，气泡逸出的速度将渐渐减慢。仔细观察，在气泡不再冒出而液体刚要进入内管时(即最后一个气泡刚欲缩回至毛细管时)的一瞬间，立即记下此时的温度。这一瞬间毛细管内液体的蒸汽压与外界压力相等，此时的温度即为该液体的沸点。一次测定后，取出毛细管，轻轻挥动以除去管端液体，然后再插入外管中，重复上述操作，要求两次测得的沸点误差不超过 1℃。

【注意事项】

(1) 沸点管要干净、干燥，实验过程中不可用水洗。

(2) 固定沸点管的橡胶圈尽量向上套，要超过浴液液面至少 1cm。

(3) 加热过程中，有一连串的小气泡出现，应停止加热。若加热过猛，将会使结果产生较大误差。

【注释】

[1] 杂质对沸点的影响与杂质的性质有关。假如杂质是不挥发的，则溶液的沸点比纯物质的沸点略有提高；若杂质是挥发性的，则蒸馏时液体的沸点会逐渐上升。也有可能由于两种或多种物质组成了共沸点混合物，在蒸馏过程中温度可保持不变，停留在某一范围内。

【思考题】

(1) 液体有机化合物的沸点与外界压力有何关系？

(2) 微量法测定沸点，为什么把最后一个气泡刚欲缩回至内管(即液体样品刚要开始进入内管)时的温度作为样品的沸点？

实验三　减压蒸馏

【实验目的】

（1）了解减压蒸馏的原理及意义。

（2）学会应用减压蒸馏分离提纯有机化合物的操作方法。

【实验原理】

液体进行蒸馏时，若外界压力降低，则沸腾时所需的蒸汽压也下降，沸点也随之降低。对于那些在常压下蒸馏易分解、氧化、聚合或沸点甚高（200℃以上）不易蒸馏的化合物，则可采用降低外界压力的方法在较低的温度下将其蒸馏纯化，这样的操作称为减压蒸馏亦称真空蒸馏。

所谓真空指的是相对真空，一般把低于一个大气压的气态空间称为真空，因此真空在程度上有着很大的差别。为了应用方便，常把不同程度的真空划分成几个等级：

1. 粗真空（气压为 760～10 毫米汞柱）

实验室可用水泵获得。

2. 中度真空（气压为 10～10^{-3}毫米汞柱）

一般可用油泵获得。

3. 高真空（10^{-3}～10^{-8}毫米汞柱）

实验室主要用扩散泵获得。

由于沸点对于压力相当敏感，因此在进行减压蒸馏时一定要记录压力，找出其相应的沸点，否则失去减压蒸馏的意义。有时在文献中查不到与减压蒸馏选择的压力相应的沸点，则可根据图 2-3-1 的经验曲线找出该物质在此压力下的沸点（近似值）。如某一有机化

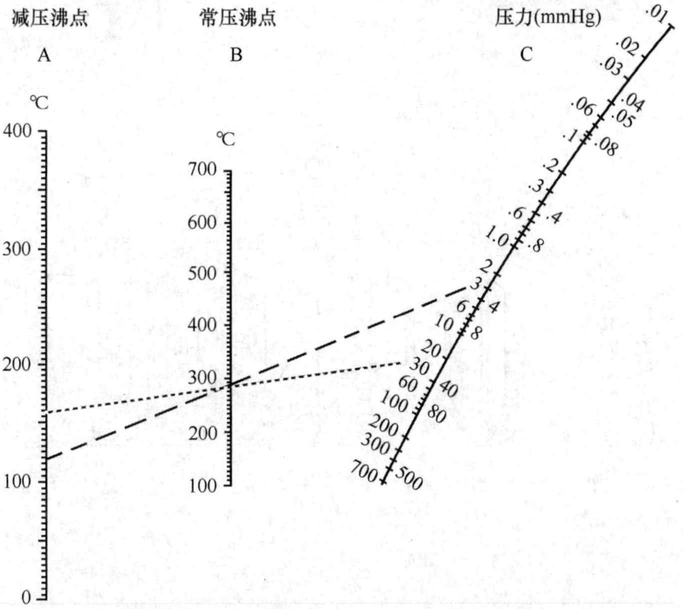

图 2-3-1　液体在常压下的沸点与减压下的沸点的近似关系图

压力单位 1mmHg ＝ 0.133 kPa

合物常压下沸点为 250℃，要减压到 20 毫米汞柱，它的沸点应为多少？我们可以先从图中间的直线 B 上找出相当于 250℃的沸点，将此点与右边直线 C 上的 20 毫米汞柱的点联成一直线，延长此直线与左边的直线 A 相交，交点所示的温度就是 20 毫米汞柱时的某一有机化合物的沸点，约 130℃。此法得出的沸点，虽为近似值，但较为简便，实验中具有一定的参考价值。

【实验仪器与试剂】

1. 仪器

克氏蒸馏烧瓶、毛细管(起泡管)、螺旋夹、直型冷凝管、带支管的接引管、安全瓶、压力计、耐压橡皮管及普通橡皮管、铁架台、蒸馏烧瓶、电炉、水浴锅、水泵。

2. 试剂

粗乙酰乙酸乙酯或粗异戊醇。

【实验操作】

仪 器 装 置

减压蒸馏装置如图 2-3-2 所示。整个系统可分为蒸馏(包括冷凝、接受部分)，减压以及在它们之间的保护和测压装置三部分。

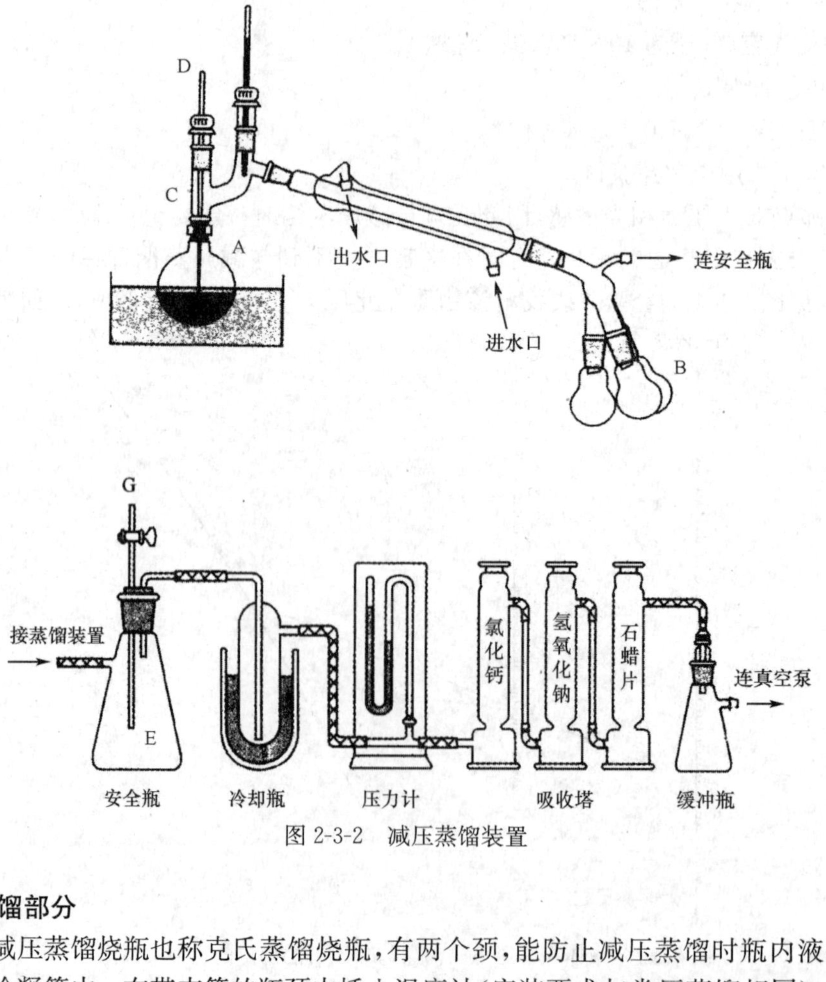

图 2-3-2　减压蒸馏装置

1. 蒸馏部分

A 为减压蒸馏烧瓶也称克氏蒸馏烧瓶，有两个颈，能防止减压蒸馏时瓶内液体由于暴沸而冲入冷凝管中。在带支管的瓶颈中插入温度计(安装要求与常压蒸馏相同)，另一瓶颈中插入一根毛细管C(也称起泡管),其长度恰好使其下端离瓶底1～2mm。毛细管上端连一段带螺旋夹D的橡皮管,以调节进入空气,使有极少量的空气进入液体呈微小气泡冒出,产生液体沸腾的气化中心,使蒸馏平稳进行。减压蒸馏的毛细管要粗细合适,否则达不到预期效果。一般检查方法是将毛细管插入少量丙酮或乙醚中,由另一端吹气,从毛细管中冒出一连串小气泡,则毛细管合用。

接受器B,常用圆底烧瓶或蒸馏烧瓶(切不可用平底烧瓶或锥形瓶)。蒸馏时若要收集不同的馏分而又不中断蒸馏,可用两尾或多尾接引管。多尾接引管的几个分支管用橡皮塞分别和几个接引瓶连结起来,转动多尾接引管,就可使不同馏分收集到不同的接受器中。应根据减压时馏出液的沸点选用合适的热浴和冷凝管。一般使用热浴的温度比液体沸点高20～30℃。为使加热温度均匀平稳,减压蒸馏中常选用水浴或油浴。

2. 减压部分

实验室通常用水泵或油泵进行抽气减压。应根据实验要求选用减压泵。真空度越高,操作要求越严。如果能用水泵减压蒸馏的物质则尽量使用水泵,否则非但自寻麻烦,而且导致成品损失,甚至损坏减压泵(沸点降低易被抽走或抽入减压泵中)。

3. 保护及测压部分

使用水泵减压时,必须在馏液接受器B与水泵之间装上安全瓶E,安全瓶由耐压的抽滤瓶或其他广口瓶装置而成,瓶上的两通活塞G供调节系统内压力及防止水压骤然下降时,水泵的水倒吸入接受器中。

若用油泵减压时,油泵与接受器之间除连接安全瓶外,还须顺次安装冷却瓶和几种吸收塔(图2-3-2)以防止易挥发的有机溶剂、酸性气体和水蒸气进入油泵,污染泵油,腐蚀机体,降低油泵减压效能。冷却瓶置于盛有冷却剂(如冰-盐等)的广口保温瓶中,用以除去易挥发的有机溶剂;吸收塔装无水氯化钙或硅胶用以吸收水蒸气;装氢氧化钠(粒状)用以吸收酸性气体和水蒸气(装浓硫酸则可用以吸收碱性气体和水蒸气);装石蜡片用以吸收烃类气体。使用时可按实验的具体情况加以组装。

减压系统的压力常用水银压力计测量。减压装置的整个系统必须保持密封不漏气。

减压蒸馏操作

(1) 如图2-3-2安装好仪器(注意安装顺序),检查蒸馏系统是否漏气。方法是旋紧毛细管上的螺旋夹D,打开安全瓶上的二通活塞G,旋开水银压力计的活塞,然后开泵抽气(如用水泵,这时应开至最大流量)。逐渐关闭G,从压力计上观察系统所能达到的压力,若压力降不下来或变动不大,应检查装置中各部分的塞子和橡皮管的连结是否紧密,必要时可用熔融的石蜡密封。磨口仪器可在磨口接头的上部涂少量真空油脂进行密封(密封应在解除真空后才能进行)。检查完毕后,缓慢打开安全瓶的活塞G,使系统与大气相通,压力计缓慢复原,关闭油泵停止抽气。

(2) 将待蒸馏液装入克氏蒸馏烧瓶中,以不超过其容积的1/2为宜。若被蒸馏物质中含有低沸点物质时,在进行减压蒸馏前,应先进行常压蒸馏,然后用水泵减压,尽可能除去低沸点物质。

(3) 按1所述操作方法开泵减压,通过小心调节安全瓶上的二通活塞G达到实验所需真空度。调节螺旋夹D,使液体中有连续平稳的小气泡通过。若在现有条件下仍达不到所需真空度,可按原理中所述方法,从图2-3-1中查出在所能达到的压力条件下,该物质的近似沸点,进行减压蒸馏。

(4) 当调节到所需真空度时，将克氏蒸馏烧瓶浸入水浴或油浴中，通入冷凝水，开始加热蒸馏。加热时，克氏蒸馏烧瓶的圆球部分至少应有2/3浸入热浴中。待液体开始沸腾时，调节热源的温度，控制馏出速度为每秒1～2滴。

在整个蒸馏过程中都要密切注意温度和压力的读数，并及时记录。纯物质的沸点范围一般不超过1～2℃。但有时因压力有所变化，沸程会稍大一点。本实验用水泵减压，收集18毫米汞柱时粗乙酰乙酸乙酯的馏出液或60毫米汞柱时粗异戊醇的馏出液。已知760毫米汞柱时乙酰乙酸乙酯的沸点为181℃，异戊醇为131.5 ℃，根据图2-3-1找出减压时的沸点进行收集。

(5) 蒸馏完毕时，应先移去火源，取下热浴，待稍冷后，稍稍旋松螺旋夹D，缓慢打开安全瓶上的活塞G解除真空，待系统内、外压力平衡后方可关闭减压泵。

【注意事项】

(1) 减压蒸馏装置中凡需使用塞子的地方均应选用橡皮塞，大小要适宜，并使其露出部分不得少于1/ 3。与减压系统连结的橡皮管应用耐压橡皮管，否则在减压时会抽瘪而堵塞。

(2) 一定要慢慢地旋开安全瓶上的活塞，使压力计中的汞柱缓缓地恢复原状，否则，有冲破压力计的危险。

【思考题】

(1) 减压蒸馏的原理是什么？适用于哪些物质的分离、提纯？

(2) 减压蒸馏时为何一定要先减压然后加热蒸馏？

(3) 用于减压蒸馏的仪器和装置有何特殊要求？操作中应注意哪些事项？

实验四 水蒸气蒸馏

【实验目的】

（1）了解水蒸气蒸馏的原理及意义。

（2）通过对松节油的提纯学会水蒸气蒸馏的操作方法。

【实验原理】

当两种互不相溶（或难溶）的液体 A 与 B 共存于同一体系时，每种液体都有各自的蒸汽压，其蒸汽压力的大小与每种液体单独存在时的蒸汽压力一样（彼此不相干扰）。根据道尔顿（Dalton）分压定律，混合物的总蒸汽压为各组分蒸汽压之和。

$$p_{总}=p_A+p_B$$

混合物的沸点是总蒸汽压等于外界大气压力时的温度，因此混合物的沸点比其中任一组分的沸点都要低。水蒸气蒸馏就是利用这一原理，将水蒸气通入不溶或难溶于水的有机化合物中，使该有机化合物在 100℃以下便能随水蒸气一起蒸馏出来。这种操作方法避免了用常压蒸馏方法进行蒸馏时，因高温而造成被分离或纯化物质分解的可能性。当馏出液冷却后，有机液体通常可从水相中分层析出。

根据气态方程式，在馏出液中，随水蒸气蒸出的有机物与水的摩尔数之比（n_A，n_B 表示此两种物质在一定容积的气相中的摩尔数）等于它们在沸腾时混合物蒸汽中的分压之比，即

$$\frac{n_A}{n_B}=\frac{p_A}{p_B}$$

而 $n_A=W_A/M_A$，$n_B=W_B/M_B$，其中 W_A，W_B 为各物质在一定容积中蒸汽的质量，M_A，M_B 为其分子量。因此，这两种物质在馏液中的相对质量可按下式计算：

$$\frac{W_A}{W_B}=\frac{M_A\cdot n_A}{M_B\cdot n_B}=\frac{M_A\cdot p_A}{M_B\cdot p_B}$$

例如：1-辛醇和水的混合物用水蒸气蒸馏时，该混合物的沸点为 99.4℃，我们可以从表 2-4-1中查得纯水在 99.4℃时的蒸汽压为 744 毫米汞柱，因为 $p_{总}$必须等于 760 毫米汞柱，因此 1-辛醇在 99.4℃时的蒸汽压必定等于 16 毫米汞柱，所以馏出液中 1-辛醇与水的重量比等于：

$$\frac{\text{1-辛醇的质量}}{\text{水的质量}}=\frac{130\times16}{18\times744}\approx\frac{0.155}{1}$$

表 2-4-1 不同温度的水的蒸汽压 （单位：mmHg）

温度℃	0.0	0.2	0.4	0.6	0.8
78	327.3	330.0	332.8	335.6	338.2
80	355.1	358.0	361.0	363.8	366.8
82	384.9	388.0	391.2	394.4	397.4
84	416.8	420.2	423.6	426.8	430.2
86	450.9	454.4	458.0	461.6	465.2
88	487.1	491.0	494.7	498.5	502.2
90	525.76	529.77	533.80	537.80	541.95
92	566.99	571.26	575.55	579.87	584.22

续表

温度℃	0.0	0.2	0.4	0.6	0.8
94	610.90	615.44	620.01	624.61	629.24
96	657.62	662.45	667.31	672.20	677.12
98	707.27	712.40	717.56	722.75	727.98
99	733.24	738.53	743.85	749.20	754.58

即蒸出 1 克水能够带出 0.155 克 l-辛醇。1-辛醇在馏出液中的组分占 13.4%。上述关系式只适用于与水互不相溶或难溶的有机物，而实际上很多有机化合物在水中或多或少有些溶解，因此，这样的计算仅为近似值，而实际得到的要比理论值低。如果被分离提纯的物质在 100℃以下的蒸汽压为 1～5 毫米汞柱，则其在馏液中的含量约占 1%，甚至更低，这时就要想办法提高此物质的蒸汽压，也就是说要提高温度，使蒸汽的温度超过 100℃，即要用过热水蒸气蒸馏，方能提高被分离或提纯物质在馏出液中的含量。

水蒸气蒸馏是分离和纯化有机化合物的重要方法之一，它广泛用于从天然原料中分离出液体和固体产物，特别适用于分离那些在其沸点附近易分解的物质；适用于分离含有不挥发性杂质或大量树脂状杂质的产物；也适用于从较多固体反应混合物中分离被吸附的被体产物。其分离效果较常压蒸馏或重结晶好。使用水蒸气蒸馏法时，被分离或纯化的物质必须具备下列条件：

(1) 不溶或难溶于水。

(2) 在沸腾状态下与水长时间共存而不起化学反应。

(3) 在 100℃左右时应具有一定的蒸汽压(一般不小于 10 毫米汞柱)。

【实验仪器与试剂】

1. 仪器

水蒸气发生器、烧瓶(250ml 24 标口)、烧瓶(25ml 24 标口)、直型冷凝管、接引管 T 形管、螺旋夹、玻璃管(80cm)、布氏漏斗、抽滤瓶、分液漏斗、玻璃弯管 2 支、酒精灯、锥形瓶、量筒、铁架台。

2. 试剂

沸石、松节油、无水氯化钙。

【实验操作】

松节油的提纯

1. 仪器安装

水蒸气蒸馏装置如图 2-4-1 所示。

按图装好仪器。A 为水蒸气发生器，通常盛水量约占容器的 2/3。B 为安全管，当容器内水蒸气压力太大时，水可沿着玻璃管上升，以调节内压。E 为蒸馏烧瓶，为了防止在蒸馏过程中被蒸馏液体冲入冷凝管内污染馏出物，应使用长颈圆底烧瓶。安装时，将其位置向水蒸气发生器的方向倾斜约 45 度，瓶内所盛液体不宜超过其容积的 1/3。D 为水蒸气导入管，F 为混合蒸汽导出管，孔径比 D 大，冷凝管与接受器的装置与常压蒸馏相同。

水蒸气发生器与蒸汽导入管 D 之间必须连结一个 T 形管，在 T 形管的下端连一螺旋夹 C，以便及时除去冷凝下来的水滴，并可通过调节 C 以防止蒸馏液倒吸，保证蒸馏顺利进行。

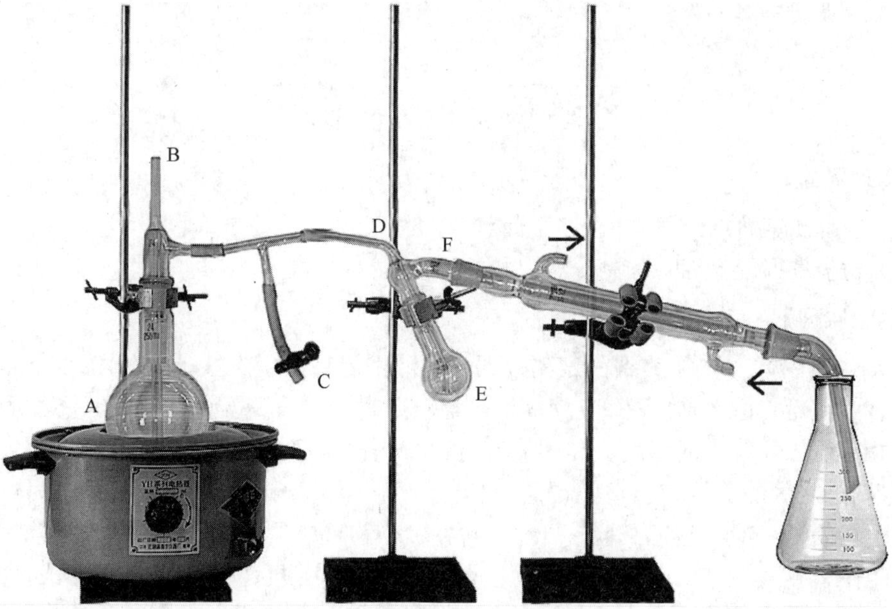

图 2-4-1　水蒸气蒸馏装置

2. 水蒸气蒸馏

在水蒸气发生器 A 中加入约占容器 2/3 的热水，并加入 2～3 粒沸石，在蒸馏烧瓶 E 中加入 5 毫升粗松节油和 2 毫升蒸馏水，打开螺旋夹 C，加热水蒸气发生器至水沸腾，同时通入冷凝水。当有水蒸气从 T 形管冲出时，旋紧螺旋夹 C，使水蒸气进入蒸馏烧瓶，开始蒸馏。为了避免使水蒸气在蒸馏烧瓶中冷凝而积聚液体过多，可在蒸馏烧瓶下置一石棉网，用小火加热。控制蒸馏速度为每秒 2～3 滴，使蒸汽能全部在冷凝管中冷凝下来。蒸馏过程中应随时注意安全管水位是否正常，如发现水位迅速升高，则表示系统内发生了堵塞，应立即打开螺旋夹，停止加热，找出原因排除故障后再继续蒸馏。

一旦馏出液变清，蒸馏即已接近完成，再继续蒸出约 10 毫升馏出液，便可停止蒸馏。欲停止蒸馏时，应先打开螺旋夹，与大气相通，然后移去热源，否则 E 中的液体会倒吸入 A 中。

3. 分离及检验

将馏出液倒入分液漏斗中，静置待分层，收集上层松节油于回收瓶中，并放入 1～2 克烘干的块状无水氯化钙将少量水分吸去，即可得精制的松节油。测定其体积计算产率。

4. 实验结束

实验完毕，拆下蒸馏装置，将仪器洗净放好。

【注意事项】

(1) 仪器的安装是从左(酒精灯)到右，仪器的拆除是从右(锥形瓶)到左。

(2) 实验过程中要暂停，一定要先打开 T 形管螺旋夹，再停止加热。

【思考题】

(1) 水蒸气蒸馏的原理是什么？它适用于哪些物质的分离？

(2) 被分离纯化的有机化合物必须具备什么条件才能采用水蒸气蒸馏的方法进行分离提纯？

(3) 实验过程中，如何判断被蒸馏物质已经蒸馏完毕？

(4) 反应完毕停止加热时，应怎样操作？为什么？

实验五　熔点测定

【实验目的】

(1) 了解测定熔点的意义。

(2) 初步掌握用毛细管法测定熔点的方法。

【实验原理】

通常认为固体物质加热到一定温度时,即由固态转变为液态,此时的温度就是该物质的熔点;然而,熔点的严格定义,应为固液两态在大气压力下达到平衡状态,亦即固相蒸汽压与液相蒸汽压相等时的温度。纯固体有机化合物通常都有固定的熔点,即在一定的压力下,固液两态之间的变化是非常敏锐的,从开始熔化至完全熔化的温度范围称为熔点范围(或熔程、熔距),一般不超过 0.5～1℃。如物质含有杂质,则其熔点往往较纯粹者为低,而且熔点范围也比较大。因此,熔点的测定是鉴定纯固体有机化合物的重要方法,并且也可用来定性地检验物质的纯度,如样品越纯,则测得的熔点越接近文献记载的该样品的熔点,熔程越短。

通常将熔点相同或相近的两个化合物混合后测定熔点(混合熔点),以鉴定它们是否为同一物质。若混合熔点下降,且熔程扩大,则这两个化合物是不相同的物质;若仍为原来熔点,则两个化合物为同一物质。

测定熔点的方法以毛细管法最为简便。此外,还可用显微熔点测定仪测定。

【实验仪器与试剂】

1. 仪器

提勒管(Thiele),温度计(200℃),毛细管(内径 1mm,长 60～80mm),玻璃管(直径 8mm,长 50～60cm),玻璃棒(长 10cm,一端压扁),铁架台,铁夹。

2. 试剂

液体石蜡、苯甲酸、乙酰苯胺和苯甲酸的混合物。

【实验操作】

1. 熔点管的制备

通常用内径约为 1mm,长约 60～80mm 一端封闭的毛细管作为熔点管,这种毛细管的拉制可通过酒精喷灯来完成,也可向仪器公司购买。

2. 样品的填装[1]

取少量(约 0.1g)待测熔点的干燥样品(如苯甲酸或乙酰苯胺)放在洁净的表面皿上,用玻璃棒研成极细的粉末,聚成小堆。将熔点管开口一端垂直向下插入样品粉末中,此时即有少许样品挤入熔点管中。为使样品装入熔点管底部,取一根长约 50～60cm 的玻璃管,直立在表面皿上,将封闭端朝下的熔点管从玻璃管的上端自由落下,熔点管碰到表面皿后,因弹性而在玻璃管内上下跳动,这样使样品紧密地装填于管底,重复上述操作数次,直至熔点管底的样品高度约为 2～3mm,要求装入的样品均匀而结实,目的为了使传热迅速均匀。样品中如有空隙,则传热不好。用纸拭去沾于熔点管外的粉末,以免污染提勒管中的导热液。同法再填装两支熔点管备用。

3. 仪器的装置

测定熔点的仪器装置有多种，最常用的是提勒管，又称 b 形管[2]，装置如图 2-5-1 所示。

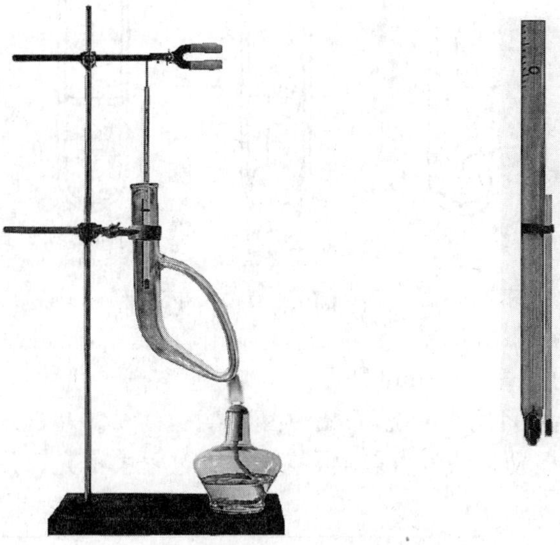

图 2-5-1　熔点测定装置

将提勒管夹在铁架台上，倒入液体石蜡作为导热液（浴液[3]），液体石蜡液面与上侧管口相平或高出上侧管口 0.5cm 左右。把装好样品的熔点管用橡皮圈固定在温度计旁，橡皮圈应置于热浴液之上，使样品位于温度计水银球的中部。将温度计小心地插入浴液中，并使温度计的水银球位于提勒管上下两支管口的正中间，同时要使熔点管管口高出液面 1 厘米左右，以免浴液受热膨胀而浸没熔点管口，从而影响测定。

4. 熔点的测定

用酒精灯在提勒管弯曲管的底部（图 2-5-1）缓缓加热，先进行粗测，升温可较快，每分钟升温 5℃左右，观察样品熔化的温度，这样得出一个不十分准确的熔点（可供测定精确熔点参考）。待液体石蜡温度下降约 30℃后，换上一支装有同样样品的熔点管（已用过的熔点管不能再用[4]）再进行精测。开始时升温可较快（开始时每分钟 10℃，以后减为 5℃），待温度达到比所预测的熔点低约 10℃时，调节火焰，使温度每分钟上升约 1～2℃，越接近熔点，升温速度应越缓慢，每分钟上升约 0.2～0.3℃，升温速度是准确测定熔点的关键[5]。小心加热，仔细观察熔点管中被测样品的变化。当熔点管中样品开始出现微小液滴时，表明样品开始熔化，即为初熔；固体完全消失呈透明液体时，表明溶化完毕，即为全熔。记下初熔和全熔时的温度，即为样品在实际测定中的熔点范围。熔化过程参见图 2-5-2。

另取一支装有样品的熔点管，重复上法精测一次。熔点测定，至少要有两次重复数据。用上述方法分别测定苯甲酸和乙酰苯胺的熔点，再在苯甲酸中混入少量的乙酰苯胺（约按 9∶1混合），然后测定该混合物（即为不纯的苯甲酸）的熔点。

【注意事项】

（1）需要自己动手封闭毛细管的一端制备熔点管，熔点管只能用一次。

（2）实验过程中，橡皮圈不能浸入石蜡油中。

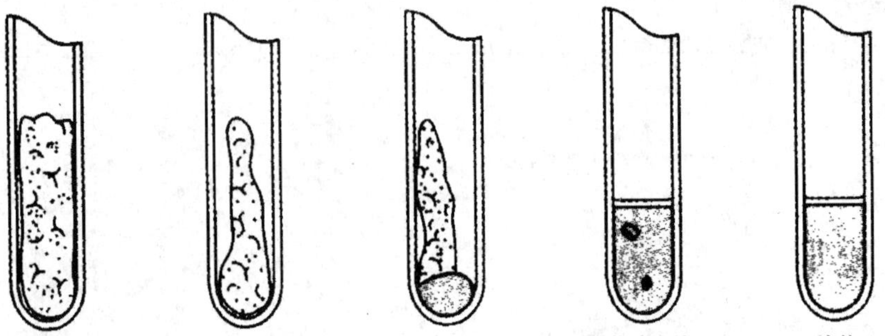

图 2-5-2　固体样品的熔化过程

(3) 样品不要装的过高，2～3mm 即可。

(4) 提勒管用完后不可用水清洗，石蜡油留于管内。

(5) 实验过程中，提勒管的温度较高，整个实验过程中不允许用手触碰提勒管，避免烫伤。

【注释】

[1] 由于测得的样品熔点范围不仅受样品纯度的影响，而且与样品颗粒粗细、样品数量、样品填装是否紧密、毛细管管壁厚薄，以及加热的速度有关。因此，样品必须事先干燥、研细成粉，并要紧密结实地填装在熔点管底部，并使样品有适当高度，这样才能使传热迅速而均匀，以免影响测定结果。

[2] 提勒管测定熔点的优点是仪器简单、方法简便，管内的导热液受热作沿管上升运动，从而促使整个提勒管内液体呈对流循环，不需人工搅拌，升温快，冷却也快，因而节省时间。缺点是提勒管内温度分布不十分均匀，测得的熔点不很准确，通常略高于真实的熔点。

[3] 热浴所用的导热液，根据实验需要选择，通常有液体石蜡（分解点是 220℃）和浓硫酸等。前者一般测定 170℃以下物质的熔点。后者一般放在 220℃以下使用，温度升高时，浓硫酸将分解放出三氧化硫和水。如果熔点在 220℃以上者，可用硫酸和硫酸钾混合物作为导热液。硫酸：硫酸钾＝7：3（重量比）可加热到 320℃。若以 3：2，则可加热到 365℃。但这种混合物不适用于测定低熔点化合物的熔点，因为在冷时它已成为半固体或固体状态。

使用浓硫酸作为浴液，应注意热的浓硫酸具有极强的腐蚀性，要特别小心，防止灼伤皮肤，还要注意勿使样品等有机物掉入硫酸中，否则硫酸会变棕色，妨碍观察。在这种情况下，可酌加一些硝酸钾晶体，以除去有机物质。除硫酸外，还可用磷酸，加热到 300℃，也可用硅油，硅油是有机硅化物的聚合体，凝固点低、沸点高，使用温度可达 350℃，但价格较前几种物质贵。

[4] 每一次测定都必须用新的熔点管另装样品，不能将已测过熔点的熔点管冷却，使其中样品固化后再进行第二次测定。因为某些物质会发生部分分解，有些会转变成具有不同熔点的其他晶型。

[5] 熔点管的样品装好后，测得的熔点是否精确与加热速度密切相关。加热速度要慢，一方面有充分的时间让热由毛细管外传到管内，以使固体溶化，并使温度计准确指示毛细管中样品达到的温度；另一方面，观察者不能同时观察温度计所示度数和所测样品的溶化

情况。只有缓慢加热，才能使此项误差最小。通常熔点误差过大，多数是由于加热太快造成的。加热速度可利用酒精灯位置的高低和火焰的大小来调节。

【思考题】

（1）何谓熔点？熔点的测定有何意义？

（2）测定熔点时，如遇下列情况，将会产生什么结果？①熔点管不洁净。②熔点管的底部未封闭好。③样品研得不细或装填得不紧密。④加热太快。

（3）为什么升温速度是准确测定熔点的关键？

（4）分别测得甲、乙、丙三样品的熔程为119～120℃；甲与乙的等量混合物熔程为99～110℃；而甲与丙的等量混合物熔程为119～120℃。试问等量乙与丙的混合物会在多高的温度范围内熔化？这说明什么？

实验六　旋光度的测定

【实验目的】

(1) 了解测定旋光度的原理及旋光仪的基本构造，掌握旋光仪的使用方法。

(2) 了解测定旋光性物质旋光度的意义。

【实验原理】

从钠光源发出的单色光，通过一个固定的 Nikol 棱镜 —— 起偏镜变成平面偏振光。平面偏振光通过装有旋光物质的盛液管时，偏振光的振动平面会向左或向右旋转一定的角度。只有将检偏棱镜向左或向右旋转同样的角度才能使偏振光通过到达目镜。向左或向右旋转的角度可以从旋光仪刻度盘上读出，即为该物质的旋光度，常以 α 表示；使偏光振动平面向左旋转的为左旋，用(－)或 l 表示；使偏光振动平面向右旋转的为右旋，用(＋)或 d 表示。测定旋光度的仪器叫旋光仪。

手性分子都具有旋光性。通过旋光仪可以测得每一种旋光性物质的旋光度大小及旋光方向。物质的旋光度与其分子结构、测定时的温度、偏振光的波长、盛液管的长度、溶剂性质及溶液浓度有关。通过旋光度的测定可以鉴定旋光性物质的纯度及含量。一般实验室使用的目测旋光仪的基本构造如图 2-6-1 所示。

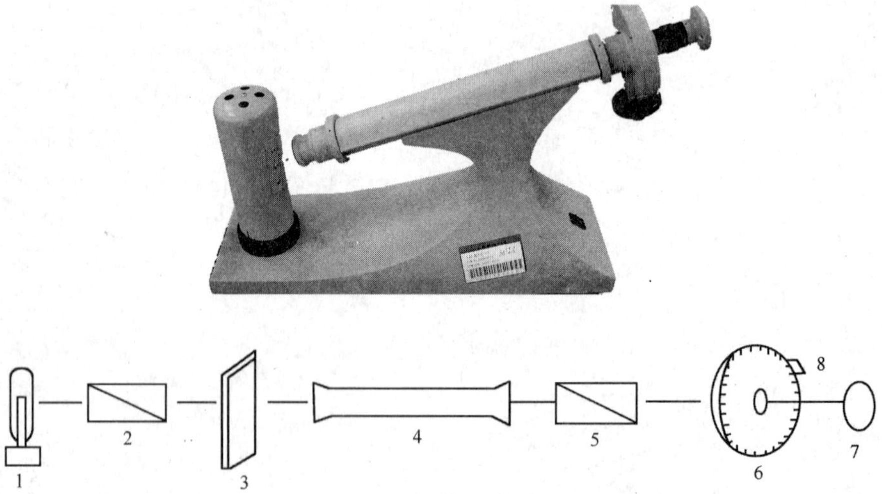

图 2-6-1　旋光仪的基本结构

1. 钠光源；2. 起偏镜；3. 半荫片；4. 盛液管；5. 检偏镜；6. 刻度盘；7. 目镜；8. 固定标

在目测的旋光仪中，起偏镜是一个固定不动的 Nicol 棱镜，它使钠光源发出的光变成平面偏振光。平面偏振光垂直投射并通过半荫片(如图 2-6-2)时，由于石英片具有旋光性，将偏振光振动方向旋转一个角度 Φ_1。在目镜前看起来，光波的振动方向如图 2-6-3 所示，AA 是光经起偏镜后的振动方向，A’A’是经石英片将偏振光旋转一定角度后的振动方向，Φ_1 角称小半暗角，Φ_2 角称大半暗角。当检偏镜的晶轴与通过石英片的光的偏振面平行时，通过目镜可观察到图 2-6-4(a)所示(两明一暗)；若检偏镜的晶轴与起偏镜的晶轴平行时，通过目镜可观察到图 2-6-4(b)所示(两暗一明)；只有当检偏镜的晶轴处于大半暗角 Φ_2 的二分之一时(或小半暗角 Φ_1 的二分之一时)视场内明暗才相等,如图 2-6-4(c)所示。

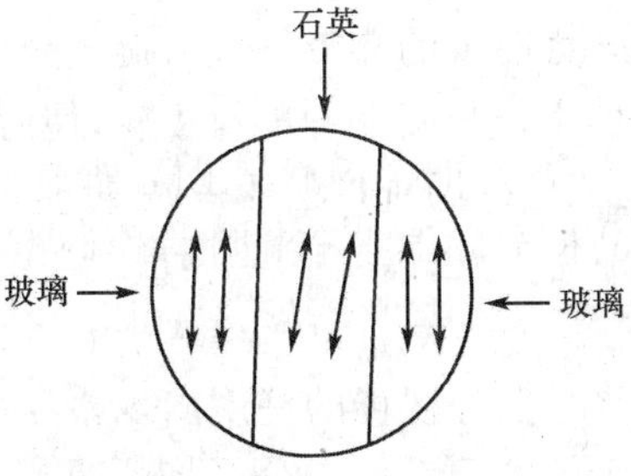

图 2-6-2 半荫片图

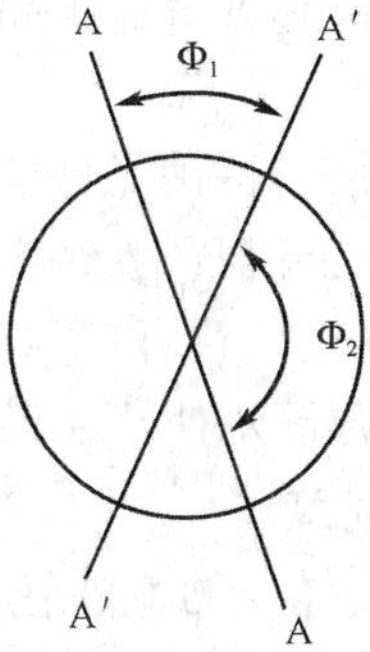

图 2-6-3 光波的振动方向

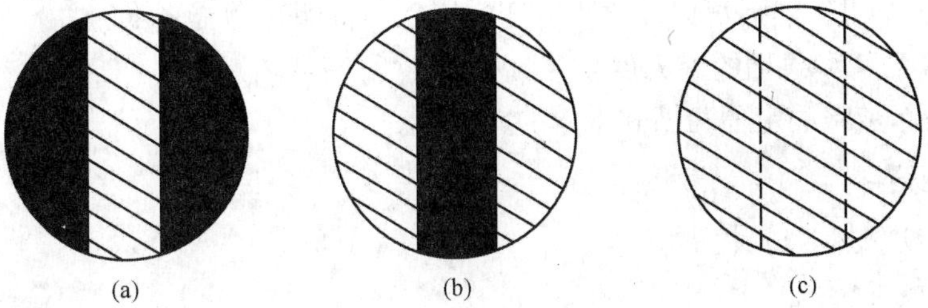

图 2-6-4 三分视场变化情况

在每次测定时,应调节视场内明暗相当的均一视场。而检偏镜从 0°旋转至 180°,会出现较暗和较亮的两种均一视场,应选择较暗的均一视场作为旋光仪零点和测定终点的判断标准,因为处于较暗的均一视场时,稍偏转检偏镜,三分视场亮度变化最灵敏。

一个光学活性化合物的旋光性可用比旋光度$[\alpha]_D^t$ 表示:

$$[\alpha]_D^t = \frac{\alpha}{l \cdot \rho}$$

式中,α 为由旋光仪测得的旋光度;ρ 为溶液的质量浓度($kg \cdot L^{-1}$);l 为盛液管的长度(dm);D 为钠光谱中的 D 线;t 为测定时的温度。

比旋光度是旋光性物质的一个物理常数。测定旋光度和比旋光度,可以鉴别旋光性物质,检定旋光性物质的纯度和含量。

【实验仪器与试剂】

1. 仪器

WXG-4 小型旋光仪 1 台、分析天平 1 台、100ml 容量瓶 3 只。

2. 试剂

葡萄糖(A. R)、果糖(A. R)。

【实验操作】

1. 配制待测溶液

准确称取 10.00g 葡萄糖、10.00g 果糖,将样品分别在两只 100ml 容量瓶中配成溶液。溶液必须透明,否则需用干滤纸过滤。

2. 装待测液

盛液管有 1dm,2dm 和 2.2dm 等几种规格。选用适当的盛液管,先用蒸馏水洗干净,再用少量待测液洗 2～3 次，然后注满待测液，不留空气泡，旋上已装好玻璃护片和橡皮垫的金属螺帽，以不漏水为限度，但不要旋得太紧。用软布揩干液滴及盛液管两端残液，放好备用。

3. 校正旋光仪零点

开启电源开关，待钠光灯发光稳定后，将装满蒸馏水的盛液管放入旋光仪中，旋转视野调节螺旋，直到三分视场界线变得清晰，达到聚焦为止。旋动刻度盘手轮，使游标尺上的零度线与刻度盘 0 度一致，再调节手轮使目镜里的三分视场明暗程度一致，重复 3～5 次，记录刻度盘读数[1]，取平均值。如果仪器正常，此数即为零点。

4. 测定旋光度

将装有待测样品的盛液管放入旋光仪内，此时三分视场的亮度出现差异，旋转检偏镜（由于刻度盘随检偏镜一起转动，故转动刻度盘手轮即可），使三分视场的明暗度一致[2]，记录刻度盘读数。此时，读数与零点之间的差值即为该物质的旋光度。重复 3～5 次，取其平均值，即为测定结果。然后再以同样步骤测定第二种待测液的旋光度。

5. 测定葡萄糖和果糖的旋光度

按上述操作步骤测定葡萄糖和果糖的旋光度。

【注意事项】

（1）旋光仪预热 5 分钟。

（2）旋光度的读数

【注释】

［1］读数方法：旋光仪读数法与游标卡尺读数方法完全一样。刻度盘分两个半圆，分别标出 0～180°；另有一固定的游标，分为 20 等分，等于刻度盘 19 等分。读数时，先看游标的 0 落在刻度盘上的位置，记下整数；小数部分的读法是：仔细观察游标尺刻度线与主盘刻度线，找出对得最准的一条即为小数部分。主盘如果是反时针方向旋转，读数方法同上面相同，只要将主盘的 0°看为 180°即可。

［2］旋转检偏镜观察视场亮度相同的范围时应注意，当检偏镜旋转 180°时，有两个明暗亮度相同的范围，这两个范围的刻度不同。我们所观察的亮度相同的视场应该是稍转动检偏镜即改变很灵敏的那个范围，而不是亮度看起来一致但转动检偏镜很多而明暗度改变很小的范围。

读数方法：如图 2-6-5 所示，为消除刻度盘的偏心差，可采用双游标读数，并按公式 $Q=(A+B)/2$ 求得结果，式中 A 和 B 分别为连游标窗读数值。

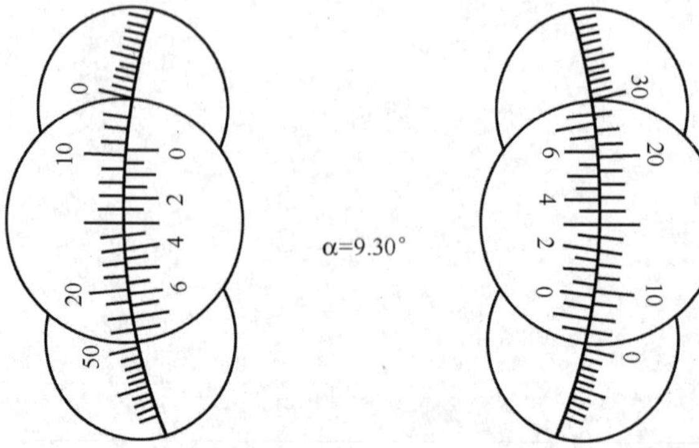

图 2-6-5　读数示意图

右旋(＋)：$\alpha=\alpha'-\alpha_0$（α'读数在 0～90°）；

左旋(－)：$\alpha=\alpha'-\alpha_0-180°$（$\alpha'$读数在 0～180°）

(3) 保持旋光仪盛液管的干净。

【思考题】

(1) 测定旋光性物质的旋光度有何意义？

(2) 比旋光度$[\alpha]_D^t$ 与旋光度 α 有何不同？

(3) 用一根长 2dm 盛液管，在 t℃下测得一未知浓度的蔗糖溶液的 $\alpha=+9.96°$，求该溶液的浓度（已知蔗糖的$[\alpha]_D^t=+66.4°$）。

实验七 折光率的测定

【实验目的】

(1) 了解阿贝折光仪的构造和折光率测定的基本原理。

(2) 掌握用阿尔折光仪测定液态有机化合物折光率的方法。

【实验原理】

折光率是有机化合物最重要的物理常数之一。作为液体物质纯度的标准,它比沸点更为可靠。利用折光率,可以鉴定未知化合物,也用于确定液体混合物的组成。物质的折光率不但与它们的结构和光线有关,而且也受温度、压力等因素的影响。所以折光率的表示,须注明所用光线和测定时的温度,常用 n_D^t 表示。

一般地说,光在两个不同介质中的传播速度是不相同的,所以光线从一个介质进入另一个介质,当它的传播方向与两个介质的界面不垂直时,则在介面处的传播方向发生改变,这种现象称为光的折射现象。单色光在两种介质的界面上发生折射时(如图 2-7-1 所示),符合 Snellius 折射定律:光线在空气中的速度(v_1)与它在液体中的速度(v_2)之比为该液体的折光率 n。

$$n=\frac{v_1}{v_2}=\frac{\sin\alpha}{\sin\beta}$$

n:折射率　　$\alpha>\beta$

α:入射角　　$n>1$

β:折射角

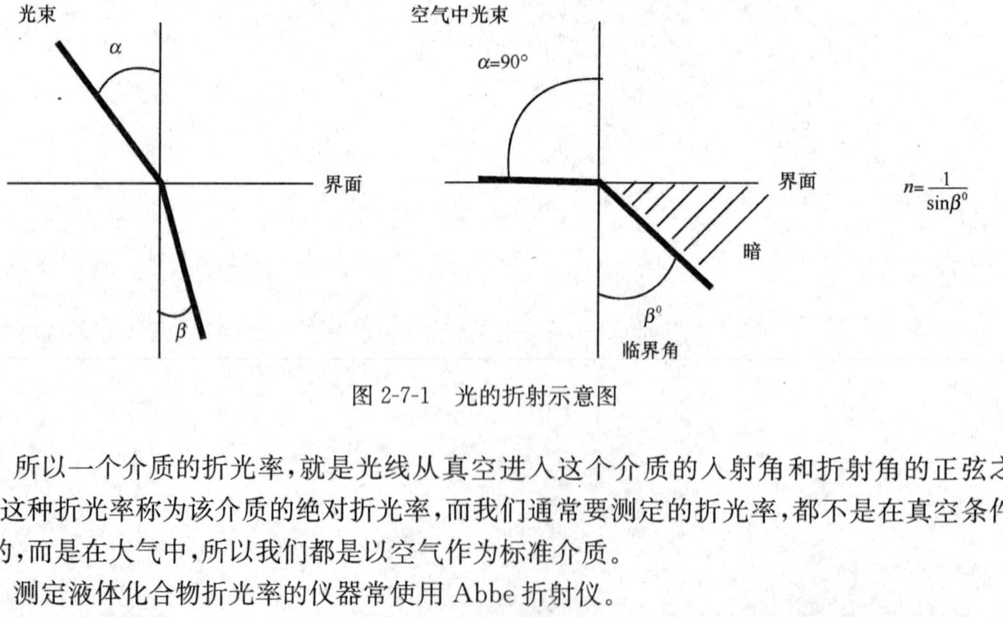

图 2-7-1 光的折射示意图

所以一个介质的折光率,就是光线从真空进入这个介质的入射角和折射角的正弦之比,这种折光率称为该介质的绝对折光率,而我们通常要测定的折光率,都不是在真空条件下的,而是在大气中,所以我们都是以空气作为标准介质。

测定液体化合物折光率的仪器常使用 Abbe 折射仪。

为了测定临界角 β_0 值,Abbe 折射仪是采用"半明半暗"的方法,就是让单色光由 0～90°的所有角度从介质 A 射入介质 B,这时介质 B 中的临界角以内的整个区域有光线通过,因而是光亮的,而临界角以外的全部区域没有光线通过,因而是暗的,明暗两区域的界限十分清楚,如果在介质 B 的上方用一目镜观测,就可见到一个界限十分清晰的半明半暗的图像。

Abbe 折射仪的标尺上所刻的读数是换算后的折光率,可直接读数,不须换算。同时,阿贝折射仪有消色散装置,故可直接使用日光,其测得的数字与钠光所测一样,这是 Abbe 折射仪的优点。

Abbe 折射仪的主要组成部分是两块直角棱镜,上面一块是光滑的,下面的表面是磨砂的,可以开启。Abbe 折射仪的构造见图 2-7-2(a),左面有一个镜筒和刻度盘,量程从 1.3000～1.7000,精密度为±0.0001,温度应控制在±0.1 ℃的范围内。右面也有一个镜筒,是测量望远镜,用来观察折光情况的,筒内装消色散镜。光线有由反射镜反射入下面的棱镜,以不同入射角射入两个棱镜之间的液层,然后再射到上面的棱镜的光滑表面上,由于它的折射率很高,一部分光线可以再经折射进入空气而达到测量镜 1,另一部分光线则发生全反射。调节螺旋以使测量镜中的视野如图 2-7-2(b)所示,即使明暗面的界线恰好落在十字交点上,记下读数,再让明暗面界线由上到下移动,至图 2-7-2 所示,记下读数,如此重复 5 次。测完后,应立即用擦镜纸擦干试液,再用无水乙醇或丙酮擦洗棱镜的上下镜面,晾干后再关闭。

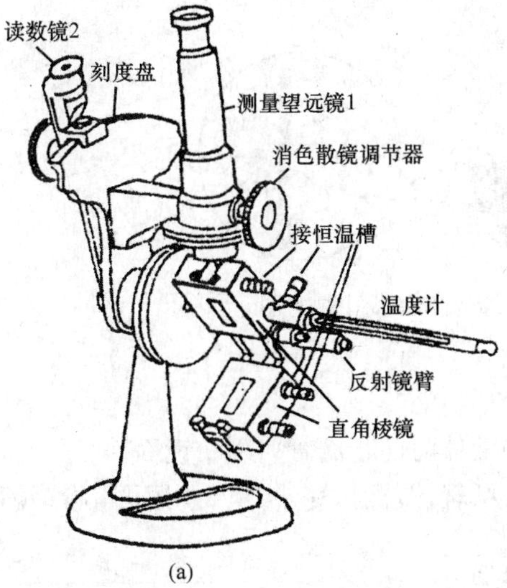

(a)

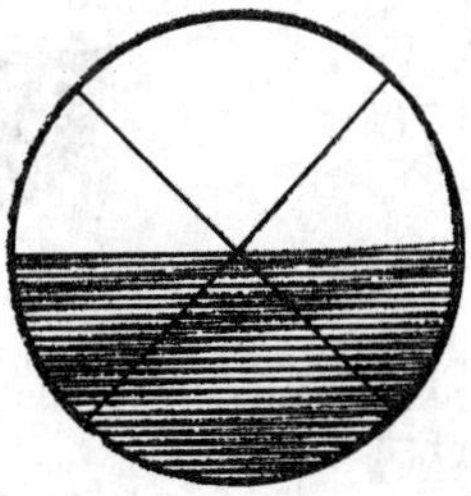
(b)

图 2-7-2 Abbe 折射仪的构造

【实验仪器与试剂】

1. 仪器

Abbe 折射仪、擦镜纸、滴管等。

2. 试剂

丙酮或 95%乙醇溶液、乙酰乙酸乙酯(AR)、松节油、蒸馏水。

【实验操作】

(1) 将阿贝折光仪置于靠窗口的桌上或白炽灯前,但避免阳光直射,用超级恒温槽通入所需温度的恒温水于两棱镜夹套中,棱镜上的温度计应指示所需温度,否则应重新调节恒温槽的温度。

(2) 松开锁钮,打开棱镜,滴 1～2 滴丙酮在玻璃面上,合上两棱镜,待镜面全部被丙酮湿润后再打开,用擦镜纸轻擦干净。

(3) 校正(用重蒸蒸馏水较正):打开棱镜,滴 1 滴蒸馏水于下面镜面上,在保持下面镜面水平情况下关闭棱镜,转动刻度盘罩外手柄(棱镜被转动),使刻度盘上的读数等于蒸馏水的折光率(n_D^{20}=1.33299,n_D^{25}=1.3325),调节反射镜使入射光进入棱镜组,并从测量望远镜中观察,使视场最明亮,调节测量镜(目镜),使视场十字线交点最清晰。转动消色调节器,消除色散,得到清晰的明暗界线,然后用仪器附带的小旋棒旋动位于镜筒外壁中部的调节螺丝,使明暗线对准十字交点,校正即完毕。

(4) 测定:用丙酮清洗镜面后,滴加 1～2 滴样品于毛玻璃面上,闭合两棱镜,旋紧锁钮。如样品很易挥发,可用滴管从棱镜间小槽中滴入。

转动刻度盘罩外手柄(棱镜被转动),使刻度盘上的读数为最小,调节反射镜使光进入棱镜组,并从测量望远镜中观察,使视场最明亮,再调节目镜,使视场十字线交点最清晰。

再次转动罩外手柄,使刻度盘上的读数逐渐增大,直到观察到视场中出现的半明半暗现象,并在交界处有彩色光带,这时转动消色散手柄,使彩色光带消失,得到清晰的明暗界线,继续转动罩外手柄使明暗界线正好与目镜中的十字线交点重合。从刻度盘上直接读取折光率(图 2-7-3)。

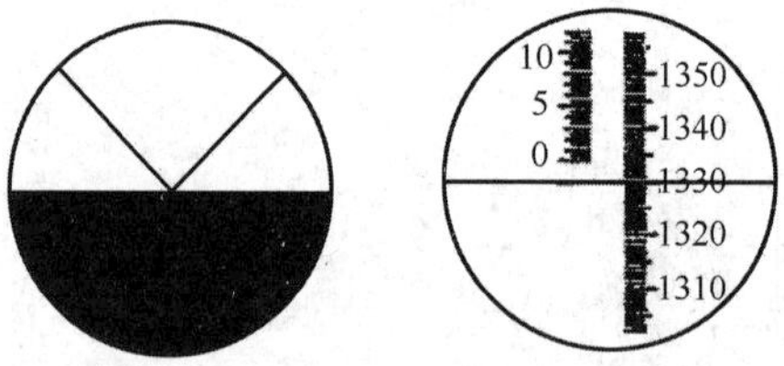

图 2-7-3 折射仪镜筒中视野图

【注意事项】

(1) 要特别注意保护棱镜镜面,滴加液体时防止滴管口划伤镜面。

(2) 每次擦拭镜面时,只许用擦镜头纸轻擦,测试完毕,也要用丙酮洗净镜面,待干燥后才能合拢棱镜。

(3) 不能测量带有酸性、碱性或腐蚀性的液体。

(4) 测量完毕,拆下连接恒温槽的胶皮管,棱镜夹套内的水要排尽。

(5) 若无恒温槽,所得数据要加以修正,通常温度升高 1℃,液态化合物折光率降低 (3.5～5.5)$\times 10^{-4}$。

【思考题】

(1) 测定有机化合物折光率有什么意义?

(2) 使用 Abbe 折射仪时,需要注意什么问题?

(3) 用 Abbe 折射仪只能测定折光率在什么范围内的化合物?

实验八　液-液萃取

【实验目的】

(1) 了解液-液萃取的基本原理及其在有机物研究中的应用。

(2) 初步掌握液-液萃取的基本操作技术。

【实验原理】

液-液萃取是利用物质在两种互不相溶(或微溶)的溶剂中溶解度或分配系数的不同，使物质从一种溶剂内转移到另一种溶剂中。分配定律是液-液萃取的主要理论依据。在两种互不相溶的混合溶剂中加入某种可溶性物质时，它能以不同的溶解度分别溶解于此两种溶剂中。实验证明，在一定温度下，若该物质的分子在此两种溶剂中不发生分解、电离、缔合和溶剂化等作用，则此物质在两液相中浓度之比是一个常数，不论所加物质的量是多少，都是如此，用公式表示即为：

$$C_A/C_B=K$$

式中，C_A、C_B 表示一种物质在 A、B 两种互不相溶的溶剂中物质的量的浓度；K 是一个常数，称为"分配系数"，它可以近似地看做是物质在两溶剂中溶解度之比。

由于有机化合物在有机溶剂中一般比在水中溶解度大，因而可以用与水互不相溶的有机溶剂将有机物从水溶液中萃取出来。为了节省溶剂并提高萃取效率，根据分配定律，一次性加入一定量的溶剂从溶液中萃取，则不如将同量溶剂分成几份作多次萃取的效率高。可用下式说明，经 n 次提取后有机物(X)剩余量 Wn 为：

V：被萃取溶液的体积(ml)；

W_0：被萃取溶液中有机物(X)的总量(g)；

Wn：被 n 次萃取后有机物(X)剩余量(g)；

S：萃取溶剂的体积(ml)。

$$W_n=W_0\left(\frac{KV}{KV+S}\right)^n$$

当用一定量的溶剂萃取时，希望在水中的剩余量越少越好，而上式 $KV/(KV+S)$ 总是小于 1，所以 n 越大，则 Wn 越小。即将溶剂分成数份作多次萃取比用全部量溶剂作一次萃取的效率高。但是，萃取的次数也不是越多越好，因为溶剂总量不变时，萃取次数 n 增加，S 就要减小，当 $n>5$ 时，n 和 S 两个因素的影响就几乎相互抵消了，n 再增加，$Wn/(Wn+1)$ 的变化很小，所以一般同体积溶剂分为 3～5 次萃取即可。

一般从水溶液中萃取有机物时，选择合适溶剂的原则是：要求溶剂在水中溶解度很小或几乎不溶；被萃取物在溶剂中要比在水中溶解度大；溶剂与水和被萃取物都不反应；萃取后溶剂易于与溶质分离开。因此，最好用低沸点溶剂，萃取后溶剂可用常压蒸馏回收。此外，价格便宜、操作方便、毒性小、不易着火也应考虑。

经常使用的溶剂有：乙醚、苯、四氯化碳、氯仿、石油醚、二氯甲烷、正丁醇、醋酸酯等。一般水溶性较小的物质可用石油醚萃取；水溶性较大的可用苯或乙醚；水溶性极大的用乙酸乙酯。

常用的萃取操作包括：①用有机溶剂从水溶液中萃取有机反应物。②通过水萃取，从反应混合物中除去酸碱催化剂或无机盐类。③用稀碱或无机酸溶液萃取有机溶剂中的酸或碱，使之与其他的有机物分离。

【实验仪器与试剂】

1. 仪器

分液漏斗（60ml）、点滴板。

2. 试剂

乙酸乙酯、5%苯酚溶液、1% $FeCl_3$ 溶液。

【实验操作】

用乙酸乙酯从苯酚溶液中萃取苯酚

（1）取一个 60ml 分液漏斗，分液漏斗在使用前要将漏斗颈上的旋塞芯取出，涂上凡士林，插入塞槽内转动使油膜均匀透明，且转动自如。然后关闭旋塞，往漏斗内注水，检查旋塞处是否漏水，不漏水的分液漏斗方可使用；若出现漏水，应取下旋塞芯，重新涂上凡士林。萃取时，将 10ml 5%苯酚溶液倒入分液漏斗中，加入 5ml 乙酸乙酯，盖上漏斗口上的塞子，右手捏住分液漏斗上口颈部，并用食指根部压紧塞子，以免塞子松开。左手握住分液漏斗的旋塞部分，大拇指和食指按住旋塞柄，中指垫在塞座下，将分液漏斗倾斜，使分液漏斗的上口朝下。下部支管口朝斜上方。如图 2-8-1。振荡分液漏斗，使两液层充分接触，每振摇几次后，使分液漏斗仍保持倾斜状态，旋开旋塞，放出因振摇液体气化而产生的过量蒸汽，使内外平衡；否则，在振摇后溶剂产生的蒸汽压，有可能使分液漏斗中的压力超过大气压，塞子有可能被顶开而出现漏液。如此重复 3～4 次，然后将分液漏斗放在铁圈中静置，并把磨口塞上的凹槽与漏斗口颈上的小孔对准（或将塞子打开），这时漏斗内外的空气相通，压强相等，漏斗里的液体才能顺利流出。待分液漏斗中的液体分成清晰的两层后，缓缓旋开旋塞，将下层水溶液经旋塞从下端放入一锥形瓶中。当液面间的界限接近旋塞时，关闭旋塞，静置片刻，这时下层液体往往会增多一些，再把下层水溶液仔细放出。然后将剩下的上层乙酸乙酯经上口倒入另一锥形瓶中。切不可也经下口放出，以免被残留在分液漏斗颈上的液体沾污。将分离后的下层水溶液倒入分液漏斗中，再加入 5ml 乙酸乙酯按上法再萃取一次，分出乙酸乙酯层，合并两次乙酸乙酯提取液，倒入回收瓶中。

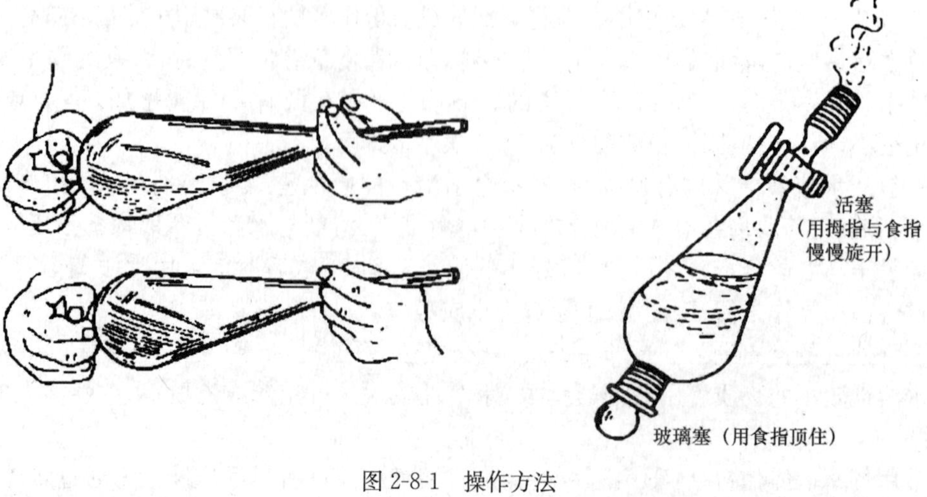

图 2-8-1　操作方法

(2) 取未经萃取的 5%苯酚溶液和第一次、第二次萃取后的下层水溶液各滴于点滴板上，各加入 1% $FeCl_3$ 溶液 1～2 滴，比较颜色深浅，说明原因。

(3) 分液漏斗使用后要洗涤干净。长时间不用的分液漏斗要把旋塞处擦拭干净，塞芯与塞槽之间放一纸条，以防磨砂处粘连。

【思考题】

液-液萃取中，萃取溶剂为什么分成数份作多次萃取？萃取的次数越多，萃取效果越好吗？

实验九　重结晶提纯法

【实验目的】

(1) 学习重结晶提纯固体有机化合物的原理和方法。

(2) 掌握重结晶的实验操作。

【实验原理】

重结晶是利用混合物中多组分在某种溶剂中的溶解度不同,或在同一溶剂中不同温度时的溶解度不同,而使它们相互分离的方法,它是提纯固体有机物常用的方法之一。重结晶一般适合于纯化杂质含量小于5%的固体有机化合物。对于杂质含量多、难以结晶的混合物,最好先用其他方法,如萃取、水蒸气蒸馏等进行初步提纯,降低杂质含量后,再以重结晶纯化。重结晶法的一般过程为:

(1) 选择合适的溶剂。

(2) 将粗产品溶于适当的热溶剂中制成饱和溶液。

(3) 热滤除去不溶性杂质。如溶液的颜色深,则应先脱色,再进行热过滤。

(4) 将此溶液冷却,或蒸发溶剂,使结晶慢慢析出,而杂质则留在母液中,或者杂质析出,而欲提纯的化合物则留在溶液中。

(5) 进行减压过滤分离母液,洗涤并干燥结晶体或者杂质。

在重结晶法中选择合适的溶剂是非常重要的;否则,达不到纯化的目的,作为适宜的溶剂,要符合以下几个条件:

(1) 与被提纯的物质不起化学反应。

(2) 对被提纯的有机物须具备溶解度在高温时溶解度较大,而在低温时溶解度较小的特性。

(3) 如果杂质在热溶剂中不溶解,可趁热滤去杂质,而杂质在冷溶剂中易溶时,则留在溶液中,待结晶后才分离。

(4) 对要提纯的物质能生成规则的晶体。

(5) 溶剂的沸点不宜太低,也不宜过高。当过低时,溶解度改变不大,操作又不容易;过高时,附着于晶体表面的溶剂不易除去。

常用的溶剂为水、乙醇、丙酮、苯、乙醚、氯仿、石油醚、乙酸和乙酸乙酯等。

在选择溶剂时,还必须考虑被提纯物质的结构,根据相似相容原理,尽量选择极性相近的物质作为溶剂。具体选择溶剂时,一般化合物可以参照溶剂手册,如没有文献资料可查,只能用实验方法具体确定。方法如下:取0.01g左右的待重结晶样品放入一只小试管中,滴入约1ml左右的某溶剂,加热并震荡,观察是否溶解,如能完全溶解并在溶剂冷却后析出大量晶体,这种溶剂一般可认为适合使用。当然,溶剂的选择还要考虑结晶收率高、操作简便、毒性小、价格便宜等因素。

而当一种物质在一些溶剂中溶解度太大,而在另一些溶剂中溶解度又太小,不能选择到一种合适的溶剂时,往往用混合溶剂即可得到较为满意的结果。用混合溶剂重结晶时,可先将待纯化的物质放在接近沸腾的溶解度大的溶剂中溶解,若有不溶物,要趁热过滤,如有颜色,则需要先脱色再进行热过滤。在过滤后的热溶液中加入溶解度较小的溶剂直至出现浑浊并不再消失，再加入少量良性溶剂或稍加热使其恰好透明，然后经冷却、结晶、抽滤，即得到纯化的物质，有时也可将两种溶剂先行混合，再按单一溶剂进行操作。常用的混合溶剂有以下几种：

乙醇-水，乙酸-水，丙酮-水，吡啶-水，乙醚-甲醇，乙醚-丙酮，乙醚-石油醚，苯-石油醚等。

【实验仪器与试剂】

1. 仪器

循环水真空泵、抽滤瓶、布氏漏斗、酒精灯、滤纸、烧杯、表面皿。

2. 试剂

活性炭、粗乙酰苯胺。

【实验操作】

用水重结晶法提纯粗乙酰苯胺

(1) 称取 2g 粗乙酰苯胺，放在 150ml 烧杯中，加入蒸馏水 50ml 和沸石 2～3 粒，加热至沸腾并用玻璃棒不断搅拌，直至乙酰苯胺溶解，若不溶解，可添加少量热水，搅拌并热至接近沸腾时令乙酰苯胺溶解。

(2) 稍冷后，加适量活性炭于溶液中，煮沸 3～5 分钟，趁热用布氏漏斗抽滤，用抽滤瓶收集滤液，在过滤前，布氏漏斗应先用热水预热以免滤液提前冷却。

(3) 滤液在冰水浴中充分冷却后，有乙酰苯胺结晶体析出，布氏漏斗过滤，抽干后用玻璃棒或玻璃瓶塞压挤晶体，继续抽滤，尽量除去母液。

(4) 然后进行晶体的洗涤工作，即先把橡皮管从抽滤瓶上拔出，关闭抽气泵，将少量蒸馏水(作溶剂)均匀地撒在滤饼上，浸没晶体，用玻璃棒小心均匀地搅拌晶体，接上橡皮管，抽滤至干，如此重复洗涤两次。

(5) 晶体已基本上洗干净。取出晶体，放在表面皿上晾干，或用蒸汽浴烘干，称重。乙酰苯胺的 mp 为 114℃。乙酰苯胺在水中的溶解度为：5.5g/100ml (100℃)，0.53g/100ml (25℃)。

【注意事项】

(1) 用活性炭脱色时，不要把活性炭加入正在沸腾的溶液中。

(2) 滤纸不应大于布氏漏斗的底面。

(3) 停止抽滤时先将抽滤瓶与抽滤泵间连接的橡皮管拆开，或者将安全瓶上的活塞打开与大气相通，再关闭泵，防止水倒流入抽滤瓶内。

【思考题】

(1) 重结晶操作中，活性炭起什么作用？为什么不能在溶液沸腾时加入？

(2) 在制备乙酰苯胺的饱和溶液进行重结晶时，在杯下有油珠出现，试解释原因。怎样处理才算合理？

(3) 在布氏漏斗中用溶剂洗涤固体时应该注意什么？

实验十　有机化合物元素的定性分析

【实验目的】

(1) 了解有机化合物元素定性分析的原理。

(2) 掌握碳、氢、氮、硫和卤素等常见元素的检验方法。

【实验原理】

有机化合物的元素定性分析能鉴定样品中含有哪些元素。一般有机化合物都含有碳、氢两种元素。一个样品如果在加强热时炭化，或者在燃烧时冒黑烟，就说明其中含有碳，但并非所有的有机物都是如此。通常的检验方法是将样品和干燥的氧化铜粉末混合后加热。使样品中的碳元素氧化成二氧化碳，氢元素氧化成水，然后分别给予鉴定。有机化合物中氧元素的鉴定目前还没有很好的方法，一般是根据官能团的定性实验或定量分析结果(即已知各元素的百分含量总和是否小于 100%)判定有无氧元素存在。由于有机化合物大多数由共价键组成，不能直接分析其中的元素。故要鉴定氯、硫和卤素，一般要把样品分解，使其变为无机物，再利用无机物定性分离的原理和方法进行鉴定。分解样品的方法很多，最常用的是钠熔法，即将有机化合物与金属钠混合共熔，使有机物中的氯、硫、卤素等元素转化为氰化钠、硫化钠、硫氰化钠、卤化钠等可溶于水的无机物，然后进行鉴定。

【实验仪器与试剂】

1. 仪器

试管、烧杯、酒精灯、试管夹、铁架台。

2. 试剂

蔗糖、氧化铜、金属钠、石灰水、10%氢氧化钠溶液、5%硫酸亚铁铵溶液、5%氯化铁溶液、15%盐酸溶液、硝普钠(亚硝基铁氰化钠)、冰乙酸、10%乙酸溶液、3%乙酸铅溶液、15%硝酸溶液、1.0 mol · L^{-1} 硝酸银溶液、1%高锰酸钾溶液、蔗糖、无水乙醇。

【实验操作】

1. 碳和氢的检定

取 0.2g 干燥的试样蔗糖，与 1g 干燥的 CuO 粉末放在研钵中混合均匀、研细。把样品装入干燥硬质试管中，配上装有导管的软木塞，用铁夹固定在铁架台上，试管口略向下倾斜，把导管伸入盛有 3ml 澄清石灰水的试管里。在试管下先小火加热，再加强热，观察现象。如果石灰水变浑浊，表明有二氧化碳生成，试管口或管壁上有水滴生成，表明有水生成，可知样品中有碳、氢元素。

2. 氮、硫、卤素的检定

(1) 钠溶液法分解试样：用镊子取金属钠一小块，用小刀切取一粒表面光滑、大小如黄豆的金属钠，用滤纸擦干煤油，放入洁净干燥的硬质试管中，强热试管，使钠熔化，当钠蒸汽高达约 10～15mm 时，立即加入约 20mg 固体试样或几滴液体样品，使其落到试管下半部的钠蒸汽中。待反应缓和后，重新加热，使试管底部烧到红热，并持续 1～2 分钟，使试样全部分解。冷却至室温后慢慢加1～2ml无水乙醇以除掉过量的钠。待无氢气放出时，再继续加热试管，先小火加热，蒸去乙醇，再加强热，使试管烧红，并立即将红热的试管底部浸入盛有15ml纯水的烧杯中，使试管破裂。用5ml纯水洗涤残渣，煮沸过滤，得无色透明的碱性溶液。此溶液可供氮、硫和卤素的定性分析用。

(2) 氮的检定

1) 普鲁士蓝试验：取钠溶液2ml加入试管中，并加入几滴10%NaOH溶液，使溶液呈明显碱性，再加入一小粒$FeSO_4$晶体，将混合液煮沸1分钟，会有黑色硫化铁沉淀，加入15%HCl酸化，使沉淀恰好溶解，再加入2～3滴5%$FeCl_3$溶液，如有蓝色或蓝绿色沉淀出现则表明样品中含有氮。

2) 乙酸铜-联苯胺试验：取钠溶液1ml，用5滴10%乙酸溶液酸化，然后沿试管壁慢慢加入几滴乙酸铜-联苯胺试剂，不要摇动试管，若在两层交界处出现蓝色环，表明样品中含有氮。若样品中含有硫时，应加1滴2%乙酸铅溶液后进行离心分离，取上层澄清液进行试验。样品中含碘时也有此反应，本试验的灵敏度比普鲁士蓝试验要高。

(3) 硫的检定

1) 硫化铅试验：取一支试管，加入1ml滤液，用数滴乙酸使溶液呈酸性，再加3滴2%乙酸铅溶液，若有黑褐色沉淀生成，证明样品中含有硫。

$$Na_2S + Pb(CH_3COO)_2 \rightarrow PbS\downarrow(\text{黑色}) + 2CH_3COONa$$

2) 硝普钠试验：取一支试管，加1ml滤液和2滴新配制的约0.5%硝普钠溶液(使用前临时取1粒硝普钠溶于数滴蒸馏水中配制)1～2滴，若溶液呈紫红色或深红色，证明样品中含有硫。

$$Na_2S + Na[Fe(CN)_5NO] \rightarrow Na_3[Fe(CN)_5NOS](\text{紫红色})$$

3) 硫和氮同时检定：取一支试管，加1ml滤液，用0.5ml 15%盐酸溶液酸化，再加2滴5%氯化铁溶液，如有血红色出现，证明样品中含有硫氰离子(SCN^-)。

$$FeCl_3 + 3NaSCN \rightarrow Fe(CNS)_3(\text{血红色}) + 3NaCl$$

(4) 卤素的检定

1) 硝酸银溶液试验：取1支试管，加入1ml滤液，用15%硝酸溶液酸化，在通风橱中煮沸3分钟，除去硫化氢或银化氢。如有沉淀则过滤除去。冷却后加数滴5%硝酸银溶液(如样品中无硫、氮，则酸化后可直接滴加5%硝酸银溶液)；若有大量白色或黄色沉淀析出，表明样品中有卤素。

$$NaX + AgNO_3 \rightarrow NaNO_3 + AgX\downarrow(\text{黄色或白色})$$

2) 氯、溴、碘的鉴别：取0.5ml滤液于试管中加5滴1%高锰酸钾溶液及5滴15%硝酸溶液，将试管振荡2～3分钟后，加入15～20mg草酸晶体，除去过量的高锰酸钾，然后加入约0.5ml四氯化碳，振荡1～2分钟，静置分层，如下层有机层呈棕红色，表明有溴或溴与碘同时存在；如有机层呈紫色或浅紫色，表明有碘没有溴；如有机层无色，表明溴、碘都没有；如有机层为棕红色，加几滴烯丙醇，振荡，棕色褪去变成紫色，表明溴、碘同时存在；如有机层变成无色，则表明没有碘。取出水层，加1ml 15%硝酸溶液，煮沸2分钟，冷却后加2%硝酸银溶液，如生成白色沉淀，则表明有氯存在。

【注意事项】

(1) CuO应预先干燥，样品也须预先干燥，除去水分或结晶水。

(2) 试管操作应特别小心，试管口不能对着自己或他人。

【思考题】

(1) 进行元素定性分析有何意义？进行定性分析的原理是什么？

(2) 在滤纸上切取金属钠时，粘在滤纸上的微小钠碎粒应如何处理？

(3) 鉴定卤素时，若试样还有硫和氮，用硝酸酸化再煮沸，可能有什么气体放出？应如何正确处理？

实验十一　醇、酚的化学性质

【实验目的】

(1) 掌握醇、酚的化学性质及其鉴定方法。

(2) 通过醇在水中的溶解度实验，理解“相似相溶”的经验规律。

【实验原理】

醇和酚都含有羟基，由于醇的羟基是连在脂肪烃的碳链上或芳香烃的侧链上，而酚的羟基则直接连接在芳香环上，这种结构上的差异引起了醇、酚性质上的显著差别。一元醇是中性化合物，与碱不起作用，但醇羟基上的氢易被金属钠取代，放出氢气生成醇和氢氧化钠。在强氧化剂重铬酸钾的作用下，伯醇可被氧化生成醛或在较高温度下进一步氧化生成羧酸。仲醇可氧化生成酮。醇与氢卤酸反应生成卤代烷，其反应速度与氢卤酸的性质和醇的结构有关。通常用卢卡斯试剂(无水氯化锌的浓盐酸溶液)来鉴别含有 6 个以下碳原子的伯、仲、叔醇。有两个相邻羟基的多元醇与新配制的氢氧化铜反应，使氢氧化铜沉淀消失形成深蓝色的溶液。因此，可用此反应鉴别含有相邻羟基的多元醇。酚羟基上的氢能部分电离，故酚类具有弱酸性，能溶于 NaOH 溶液中生成酚盐，同时酚羟基是直接与苯环相连接的，可增加邻、对位氢原子的活泼性而容易发生亲电取代反应。酚类或含有酚羟基的化合物，能与三氯化铁发生各种特有的颜色反应，产生颜色的原因主要是生成复杂的配合物，但具有烯醇结构“-c=c-”的化合物都有这个反应。

【实验仪器与试剂】

1. 仪器

试管、酒精灯、试管夹。

2. 试剂

甲醇、无水乙醇、正丙醇、正丁醇、正戊醇、酚酞、95%乙醇溶液、异丙醇、叔丁醇、仲丁醇、染料苏丹Ⅲ、0.5%重铬酸钾溶液、3mol · L^{-1} H_2SO_4 溶液、2%$CuSO_4$溶液、5% NaOH 溶液、甘油、卢卡斯试剂、液体苯酚、2%苯酚溶液、0.2%邻-苯二酚溶液、1%间苯二酚溶液、0.5%1,2,3-苯三酚溶液、1%$FeCl_3$ 溶液、饱和溴水。

【实验操作】

1. 醇的性质

(1) 醇在水中的溶解度：在五个编号的干燥试管中分别加入 2ml 甲醇、乙醇、正丙醇、正丁醇、正戊醇，并在每支试管中加入少许醇溶性的染料苏丹Ⅲ，使醇显红色，然后再分别加入 2ml 水，振荡后，观察溶解情况，并总结醇在水中的溶解度规律。

(2) 醇钠的生成和水解：将两个干燥的试管编好号码，分别加入 1ml 无水乙醇和 1ml 正丁醇，再加一粒黄豆大小的用滤纸擦干的金属钠，观察反应速度有何差异？等到气体放出平稳时，使试管口靠近灯焰，观察有何现象？待金属钠全部作用后，将第 1 号试管内溶液的一半倾入表面皿上，使多余的乙醇完全挥发(必要时将表面皿放在水浴上加热)，残留在表面皿上的固体就是乙醇钠，滴 2～3 滴水于乙醇钠上使其溶解，然后滴一滴酚酞指示剂观察现象。

醇的氧化：取三支试管，编号后各加入 0.5%重铬酸钾溶液 2 滴和 $3mol \cdot L^{-1}$ H_2SO_4 1 滴，然后分别加入 10 滴 95%乙醇溶液、异丙醇和叔丁醇，将各试管摇匀，3 分钟后观察。

(3) 伯醇、仲醇、叔醇的鉴别——卢卡斯试验：取三支试管，编号后分别加入 0.5ml 正丁醇、仲丁醇和叔丁醇，然后各加入 1ml 卢卡斯试剂，塞好管口，振荡后静置，观察反应液是否变混浊，记录反应液开始变浑浊所需的时间。

(4) 与氢氧化铜的反应：于一试管中加入 2%$CuSO_4$ 溶液 8 滴，然后加入 5%NaOH 溶液数滴以使 $Cu(OH)_2$ 完全沉淀下来，将此悬浊液的一半倒入另一试管，两试管在振摇下分别加入 2 滴甘油和乙醇，并观察现象。

2. 酚的性质

(1) 酚的酸性：放 3 滴液体苯酚于小试管中，加 1ml 水充分振荡得一乳浊液，然后小心滴入 5%NaOH 溶液至苯酚完全溶解为止。在此溶液中再加入 $3mol \cdot L^{-1}$ H_2SO4 溶液呈现酸性。

(2) 与 $FeCl_3$ 溶液作用：取试管 4 支，分别加入 2%苯酚溶液、0.2%邻一苯二酚溶液、1%间苯二酚溶液、0.5%1,2,3 一苯三酚溶液 1 滴，摇匀。记录各试管中产生的颜色。

(3) 溴代反应：取 2%苯酚溶液 5 滴，置于一小试管中，缓缓滴入饱和溴水 10 滴，不断振荡，观察现象。

【注意事项】

(1) 做乙醇与钠反应实验必须用无水乙醇。

(2) 金属钠遇水要燃烧、爆炸，实验时切下的外皮和多余的钠应放回原瓶内，绝对不允许抛入水槽、废液缸或垃圾箱中。

(3) 苯酚有腐蚀性，操作时要避免触及皮肤。

【思考题】

(1) 鉴别伯、仲、叔醇可用什么试剂？

(2) 苯酚和 $FeCl_3$ 溶液显紫色，当加入 NaOH 溶液使溶液呈碱性时可能出现什么现象？

实验十二　醛和酮的化学性质

【实验目的】

(1) 加深对醛、酮化学性质的理解。

(2) 比较醛和酮之间化学性质的异同点，加深对其中原子之间相互影响的理解。

(3) 掌握醛、酮的分子结构与其化学性质的关系。

【实验原理】

醛和酮分子中都含有羰基，因而具有许多相同的化学性质，但由于羰基所连的基团不同，又使醛和酮具有一些不同的性质，如醛能被弱氧化剂吐伦试剂和斐林试剂氧化，能与希夫试剂产生颜色反应等；而酮则不能，借此可区别醛和酮。甲醛与希夫试剂所产生的颜色加硫酸后不消失，而其他醛所产生的颜色加硫酸后则褪去，因此，该试剂也可将甲醛与其他醛区分开。乙醛、甲基酮 CH_3COR、乙醇及具有 $CH_3CH(OH)R$ 结构的醇均可发生碘仿反应。

有些醛、酮还可表现出某些特殊的反应。例如，丙酮在碱性溶液中能与亚硝酰铁氰化钠发生颜色反应，此反应可用于检验丙酮的存在。

【实验仪器和试剂】

1. 仪器

镊子、试管、试管夹、石棉网、烧杯、酒精灯。

2. 试剂

40%甲醛溶液、乙醛、苯甲醛、丙酮、苯乙酮、乙醇、异丙醇、2,4-二硝基苯肼、饱和亚硫酸氢钠溶液、碘试剂、5%氢氧化钠溶液、2%硝酸银溶液、2%氨水溶液、品红亚硫酸试剂、斐林试剂Ⅰ和Ⅱ。

【实验操作】

1. 滴加试剂并观察

在三支试管中，分别加入 2 滴乙醛、苯甲醛、丙酮和 10 滴 2,4-二硝基苯肼，充分振摇后，静置片刻，观察和记录反应现象并解释之。若无沉淀析出，可微热 1 分钟，冷却后再观察。有时为油状物，可加 1～2 滴乙醇，振摇促使沉淀生成。

2. 与亚硫酸氢钠反应

在 3 支干燥的试管中，分别加入 1ml 新配制的饱和亚硫酸氢钠溶液和 5 滴乙醛、丙酮、苯乙酮、乙醇、异丙醇，边加边用力振摇，观察和记录反应现象并解释之。如无晶体析出，可用玻璃棒磨擦试管壁或将试管浸入冰水中冷却后再观察。

3. 碘仿反应

在 5 支试管中分别加入 1ml 水和 10 滴碘试液，再分别加入 5 滴乙醛、丙酮、苯乙酮、乙醇、异丙醇，边摇边逐滴加入 5%氢氧化钠溶液至碘色恰好褪去，观察和记录反应现象并解释之。若无沉淀析出，可在温水浴中加热数分钟，冷却后再观察。

4. 与吐伦(Tollens)试剂反应

在 3 支洁净的试管中分别加入 10 滴 2%硝酸银溶液和 2 滴 5%氢氧化钠溶液，边摇边逐滴加入 2%氨水溶液至产生的沉淀恰好溶解为止。再分别加入 5 滴 40%甲醛溶液、乙醛、丙酮，摇匀后，在 50～60℃水浴中加热数分钟，观察和记录反应现象并解释之。

5. 与斐林(Fehling)试剂反应

在4支试管中，分别加入斐林试剂Ⅰ和Ⅱ各10滴，再分别加入3滴40%甲醛、苯甲醛、丙酮、乙醛，摇匀后，在沸水浴中加热数分钟，观察和记录反应现象并解释之。

6. 与希夫(Schiff)试剂反应

在4支试管中，分别加入希夫试剂10滴和3滴40%甲醛、乙醛、丙酮、苯甲醛，摇匀后，在显色试管中，边摇边逐滴加入浓硫酸，观察和记录反应现象并解释之。

【注意事项】

(1) 2，4-二硝基苯肼试剂的配制：将3g 2，4-二硝基苯肼溶于1ml浓硫酸，将此酸性溶液慢慢加入到70ml 95%乙醇溶液中，再用蒸馏水稀释到100ml，过滤。滤液保存于棕色试剂瓶中。

(2) 低分子量碳基化合物与亚硫酸氢钠的加成产物能溶于稀酸中，不易得到结晶。由于芳香族甲基酮的空间位阻较大，与硫酸氢钠作用甚慢或不起作用。

饱和亚硫酸氢钠溶液的配制：在100ml 40%亚硫酸氢钠溶液中，加入25ml不含醛的无水乙醇，滤去析出的结晶。此试剂应在使用前配制。

(3) 滴加碱后溶液必须呈淡黄色，应有微量碘存在，若已成无色，可反滴碘试液；醛和酮不宜过量，否则会使碘仿溶解；碱若过量，会使碘仿分解。

碘试剂的配制：将25g碘化钾溶于100ml蒸馏水中，再加入12.5g碘搅拌使之溶解。

(4) 易被氧化的糖类及其他还原性物质均可与吐伦试剂作用。试管必须十分洁净，否则不能生成银镜，仅出现黑色絮状沉淀；反应时必须水浴加热，否则会生成具有爆炸性的雷酸银(AgONC)。实验完毕，试管用稀硝酸洗涤。

(5) 脂肪醛、α-羟基酮(如还原糖)、多元酚等均可与斐林试剂反应。芳香醛、酮类则不反应。反应结果决定于还原剂(如醛)浓度的大小及加热时间的长短，可能析出 Cu_2O(红色)、$Cu_2(OH)_2$(黄色)或Cu(暗红色)。因此，有时反应液的颜色变化为：绿色(由淡蓝色的氢氧化铜与黄色的氢氧化亚铜混合所致)—黄色—红色沉淀。甲醛尚可将氢氧化亚铜还原为暗红色的金属铜。

斐林试剂的配制：

斐林试剂Ⅰ：将34.6g硫酸铜($CuSO_4 \cdot 5H_2O$)溶于500ml蒸馏水中，混浊时过滤。

斐林试剂Ⅱ：将173g酒石酸钾钠($KNaC_4H_4O_6 \cdot 4H_2O$)和70g氢氧化钠溶于500ml蒸馏水中，两溶液分别保存，使用时等体积混合。

(6) 某些酮和不饱和化合物及易吸附 SO_2 的物质能使希夫试剂恢复品红原有的桃红色，不应作为阳性反应。反应时，不能加热，溶液中不能含有碱性物质和氧化剂，否则 SO_2 逸去，使试剂变回原来品红的颜色，干扰鉴别。故宜在冷溶液及酸性条件下进行。

品红亚硫酸试剂的配制：将0.2g品红盐酸盐溶于100ml热水中，冷却后，加入2g亚硫酸氢钠及2ml浓盐酸，用水稀释到200ml，待红色褪去即可使用。若呈粉红色，可加入少量活性炭振荡过滤，密封于棕色瓶中。

【思考题】

(1) 哪些试剂可用以区别醛类和酮类？

(2) 试述碘仿反应应用的范围，下列化合物有无碘仿反应？

①$C_6H_5COCH_2CH_3$；②$CH_3CH(OH)CH_2CH_3$；③CH_3CH_2CHO；④CH_3CH_2OH

(3) 用简单的化学方法鉴别下列化合物：苯甲醛、甲醛、乙醛。

实验十三　羧酸及其衍生物的性质

【实验目的】

(1) 验证羧酸的化学性质。

(2) 掌握羧酸的鉴别方法。

(3) 掌握羧酸衍生物的主要化学性质。

(4) 掌握羧酸衍生物的鉴别方法。

【实验原理】

(1) 甲酸结构中含有醛基,因此具有还原性。

(2) 酰氯、酸酐、酯、酰胺均为羧酸的衍生物,与水作用产生水解反应而生成相应的酸。水解反应的难易次序为:酰卤>酸酐>酯>酰胺。例:乙酰氯遇水起猛烈的放热反应,水解成乙酸。乙酸酐需加热才能水解完全,而酯及酰胺的水需要酸、碱催化。

(3) 酰卤、酸酐和酯都能进行醇解和氨解反应而生成酯和酰胺。

(4) 羧酸衍生物可与羟氨作用生成异羟基肟酸,遇三氯化铁生成酒红色的异羟肟酸铁,可供鉴别用。例如酯的反应:

$$CH_3COOCH_2CH_3 + NaOH \rightarrow CH_3CONHOH + C_2H_5OH$$

$$3CH_3CONHOH + FeCl_3 \rightarrow \underset{\text{酒红色}}{(CH_3CONHO)_3Fe} + 3HCl$$

酰卤、酸酐也有此反应。

(5) 乙酰乙酸乙酯(β-丁酮酸乙酯)是一个酮式和烯醇式的混合物,在常温下可以互相转变,发生互变异构现象,因此,在乙酰乙酸乙酯中加入三氧化铁试液会引起显色反应。

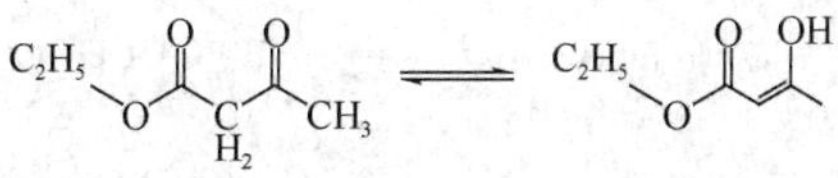

(酮式)　　　　(烯醇式)

【实验仪器与试剂】

1. 仪器

镊子、试管、试管夹、石棉网、烧杯、酒精灯。

2. 试剂

甲酸、冰乙酸、乙酰胺、乙酸乙酯、醋酸酐、乙酰乙酸乙酯、甲醇、无水乙醇、95%乙醇溶液、浓硫酸、10%氢氧化钠溶液、2mol/L 氢氧化钾溶液、10%碳酸氢钠溶液、10%重铬酸钾溶液、1mol/L 盐酸羟胺甲醇溶液、5%三氯化铁溶液、石蕊试纸。

【实验操作】

1. 氧化反应

取样品 0.5ml 于试管中,滴加 1~2 滴重铬酸钾溶液及 5 滴浓硫酸,注意其颜色变化。

样品:甲酸、乙酸。

2. 酯化反应

取 5 滴冰乙酸于干试管中,加 10 滴乙醇,再加入浓 H_2SO_4 一滴,微热之,以 10%碳酸氢钠溶液中和过量的酸，观察有何现象及气味产生？

3. 酰胺的水解反应（酸性水解）

取乙酰胺 0.1g 加入试管中，加 10%氢氧化钠溶液 1ml，加热至微沸，嗅之是否有氨的气味，用红色石蕊试纸在试管口试之，观察是否变蓝。

4. 乙酸酐与水、醇、胺的反应

（1）与水反应：取 3～4 滴乙酐于试管中，加入水 1ml，先勿摇，观察后振摇，如仍不溶可微热使溶。

（2）与醇反应：在干试管中加 0.5ml 无水乙醇，慢慢加入乙酐 0.5ml 后振摇，在小火上加热至沸，并以 10%碳酸钠液体中和之，观察现象，并嗅其味。

5. 羟肟酸铁反应

取 0.5ml 1mol/L 的盐酸羟胺甲醇溶液于一试管中，加样品 1 滴，摇匀后加 2mol/L 氢氧化钾溶液使呈碱性，加热煮沸。冷却后加稀盐酸使呈弱酸性，再滴加 1～2 滴 5%三氯化铁溶液，如出现葡萄酒红色为阳性反应。

样品：乙酸乙酯、乙酸酐。

6. 乙酰乙酸乙酯的酮式或烯醇式互变异构现象

在试管中加入乙酰乙酸乙酯 2 滴，加 95%乙醇溶液 2ml，再加入 1%三氯化铁溶液 1 滴，观察反应液呈何种颜色？再在此溶液中滴加溴水数滴，观察发生什么变化？放置片刻，有何现象？

【注意事项】

（1）加碱的目的是为了使盐酸羟胺游离出来。

（2）乙酰乙酸乙酯与三氯化铁的显色反应是因为其烯醇式与三氯化铁生成了红色的络合物。

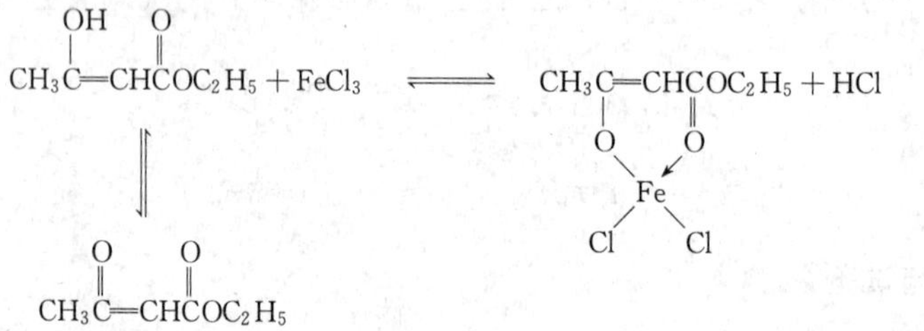

加溴水后，溴与烯醇式结构中碳-碳双键加成，生成二溴化合物（无色），然后脱去 1 分子溴化氢，使烯醇式转变为酮式的溴代衍生物。

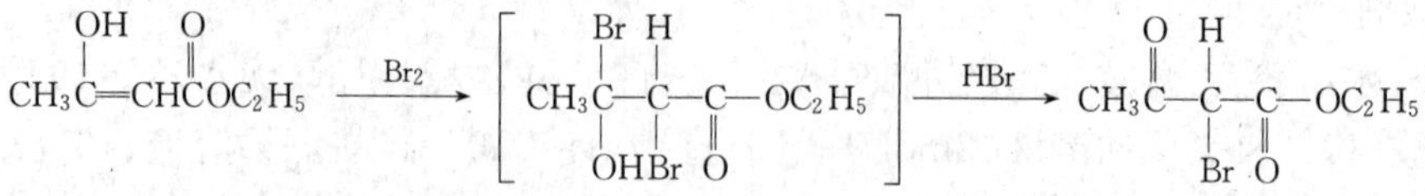

烯醇式不再存在，故与三氯化铁所显颜色也就消失。但因为酮式或烯醇式间有一定的动态平衡，所以又有一部分酮式转变为烯醇式，它与原来已存在于反应液中的三氯化铁相遇，又显现紫红色。此现象验证了在常温下乙酰乙酸乙酯的酮式和烯醇式是同时存在、相互转变的。

【思考题】

（1）举例说明能与三氯化铁显色的有机化合物的结构特点。

（2）如何用实验说明在常温下酮式和烯醇式互变平衡的存在？

实验十四　胺类的化学性质

【实验目的】

(1) 验证胺的化学性质。

(2) 了解脂肪胺和芳香胺化学性质的差异。

【实验原理】

胺类具有碱性，脂肪胺的碱性大于芳香胺。胺与盐酸成盐后，水溶性增大。伯、仲、叔三种胺与亚硝酸作用，生成物不同，利用这个反应可鉴别这三种胺。脂肪族伯胺与亚硝酸作用放出氮气。脂肪族仲胺生成 *N*-亚硝基胺(黄色中性油状物)。脂肪族叔胺与亚硝酸则生成亚硝酸铵盐。

芳香族伯胺在酸性低温条件下，与亚硝酸作用则发生重氮化反应。芳香仲胺则生成 *N*-亚硝基胺。芳香叔胺与亚硝酸作用，反应发生在苯核上，生成对亚硝基化合物。

伯胺(脂肪和芳香)和氯仿及氢氧化钠溶液作用共热生成具有特殊臭味的异腈，又称“胩”。

叔胺与卤代烃作用，生成季铵盐。

苯胺与溴水作用，则在苯核上发生溴代反应，生成三溴苯胺。苯胺易被氧化，用重铬酸钾氧化后，生成苯胺黑。

【实验仪器与试剂】

1. 仪器

试管、试管夹、滴管、pH 试纸。

2. 试剂

苯胺、甲胺、*N*-甲基苯胺、*N*,*N*-二甲基苯胺、盐酸、亚硝酸钠、*β*-萘酚、氢氧化钠、氯仿、溴水、重铬酸钾。

【实验操作】

1. 胺的碱性

在试管中加入苯胺 1 滴，加水 1ml，振摇，得苯胺水溶液(苯胺未完全溶解而成乳状)。

(1) 用玻棒蘸取甲胺和苯胺的水溶液，分别用湿润的 pH 试纸试之，比较它们碱性的强弱。

(2) 在上述苯胺水溶液中，滴加稀盐酸溶液，苯胺生成盐酸盐而溶于水中。

2. 与亚硝酸的反应[1]

(1) 重氮化反应：取苯胺 5 滴，加 0.5ml 浓盐酸及 0.5ml 水，用冰水冷却。另取 10%亚硝酸钠溶液 1ml，同样用冰水冷却。然后将亚硝酸钠溶液缓缓倒入苯胺溶液中，将试管在冰水中轻轻振摇，再加 *β*-萘酚碱液 2 滴，观察变化。

(2) 在试管中加入 *N*-甲基苯胺 3 滴，加 0.5ml 浓盐酸及 0.5ml 水，用冰水冷却。另取亚硝酸钠溶液 1ml，也用冰水冷却。然后将亚硝酸钠加入到 *N*-甲基苯胺的试管中，轻轻振摇，观察现象。

(3) 在试管中加入 *N*,*N*-二甲基苯胺 2 滴，加 0.5ml 浓盐酸及 0.5ml 水，用冰水冷却。

另取亚硝酸钠溶液 1ml，也用冰水冷却。然后将亚硝酸钠加入到 N，N-二甲基苯胺试管中，轻轻振摇，观察现象。再加 10% NaOH 溶液 1ml，观察变化。

3. 伯胺的异腈反应(胩反应)[2]

取苯胺 1 滴，加氯仿 1 滴，再加 10%NaOH 溶液 1ml，煮沸，有臭气产生。操作完成后随即向试管中加入浓盐酸加热，破坏生成的胩，然后倒至特备瓶中。

4. 芳胺的特性

(1) 溴代反应：在试管中，加入苯胺水溶液 2 滴，加溴水，观察现象。

(2) 氧化反应：取苯胺水溶液 2 滴滴于表面皿上，加稀盐酸和重铬酸钾溶液各 2 滴，观察现象。

【注释】

[1] 亚硝酸很不稳定，故在实验中用亚硝酸钠与盐酸作用产生亚硝酸，且在低温下进行反应。

[2] 胩有毒，不可多闻，实验应在通风橱内进行。本实验非常灵敏，仲胺和叔胺中如果夹杂有 5%以上的伯胺，在本实验中就能得到正反应。对于沸点很高的芳香伯胺，本实验不合适，因为所形成的异腈挥发性太低，不易嗅出其气味。

【思考题】

(1) 重氮化反应为什么要用过量盐酸及在冰水浴中进行？

(2) 比较鉴别伯、仲、叔胺的方法？

(3) 如何分离伯、仲、叔胺？

实验十五　糖类的化学性质

【实验目的】

(1) 掌握碳水化合物的结构和主要化学性质。

(2) 学会重要糖类化合物的鉴别方法。

【实验原理】

(1) 糖可分3类,即单糖、双糖和多糖。其中单糖和双糖能溶于水,而多糖不能。

(2) 单糖能被弱氧化剂氧化(杜伦试剂和斐林试剂),故称还原糖。单糖也能与过量的苯肼反应形成脎,借此性质可与非还原糖区别。

(3) 双糖是由2个单糖结合而成,如分子中仍含有醛基或酮基,则仍有醛糖或酮糖的性质,否则就需水解生成单糖后,才具有醛糖和酮糖的性质。

(4) 多糖分子由无数个单糖缩合而成,它没有单糖和双糖的性质,但经水解后具有单糖的性质。

(5) 淀粉为多糖,遇碘溶液呈蓝色,在分析化学上常用作指示剂。

【实验仪器与试剂】

1. 仪器

试管、烧杯、酒精灯、白瓷点滴板、显微镜等。

2. 试剂

5%葡萄糖溶液、5%麦芽糖溶液、5%果糖溶液、5%蔗糖溶液、5%乳糖溶液、2%淀粉溶液、浓硫酸、25%硫酸、碘溶液、浓盐酸、班乃迪试剂、苯肼试剂、5%碳酸钠溶液、莫里许试剂、西里瓦诺夫试剂。

【实验操作】

1. 与班乃迪(Benedict)试剂[1]反应

在5支试管中分别加入5滴5%葡萄糖溶液、5%果糖溶液、5%麦芽糖溶液、5%蔗糖溶液、2%淀粉溶液和10滴班乃迪试剂,摇匀后在沸水浴中加热数分钟,观察和记录反应现象并解释之。

2. 与吐伦试剂反应

在5支洁净的试管中,分别加入10滴硝酸银溶液和2滴5%氢氧化钠溶液,边摇边滴加入2%氨水至产生的沉淀恰好溶解为止。再分别加入5滴5%葡萄糖溶液、5%果糖溶液、5%麦芽糖溶液、5%蔗糖溶液、2%淀粉溶液,混匀后,在60～70℃水浴中加热数分钟,观察和记录反应现象并解释之。

3. 与苯阱反应[2]

在4支试管中分别加入1ml 5%葡萄糖溶液、5%果糖溶液、5%麦芽糖溶液、5%乳糖溶液和1ml苯阱试剂,混匀后,将4支试管同时故入沸水浴中加热,观察和记录各试管中形成糖脎的先后次序。若30分钟后仍无晶体析出,取出试管,冷却后,再观察。取少许结晶在显微镜下观察糖脎的晶形。

4. 与莫里许(Molish)试剂[3]反应

在4支试管中分别加入ldml 5%葡萄糖溶液、5%蔗糖溶液、5%麦芽糖溶液、2%淀粉溶液和 2 滴新配制的莫里许试剂，摇匀后将试管倾斜，沿管壁慢慢加入 1ml 浓硫酸，使酸进入管底，观察两液层界面的颜色改变。

5. 与西里瓦诺夫(Seliwanoff)试剂[4]反应

在 4 支试管中分别加入 1ml 西里瓦诺夫试剂和 5 滴 5%葡萄糖溶液、5%果糖溶液、5%蔗糖溶液、5%麦芽糖溶液，摇匀后，将 4 支试管同时放入沸水浴中加热 2 分钟，比较各试管出现红色的先后次序。

6. 蔗糖的水解

在试管中加入 1ml 5%蔗糖溶液和 2 滴 25%硫酸溶液，混匀后放入沸水浴中加热 20 分钟，冷却后用 5%Na_2CO_3 溶液中和至无气泡放出为止，再加入 10 滴班乃迪试剂，放入沸水浴中加热，观察和记录反应现象并解释之。

7. 淀粉的水解

在试管中加入 lml2%淀粉溶液和 2 滴浓盐酸，在沸水浴中加热，每隔 2 分钟用吸管吸出 1 滴反应液在白瓷板上，加碘液一滴，观察颜色变化，当反应液不再显色时，取出试管，冷却后，用 5%Na_2CO_3 溶液中和至无气泡放出为止。加 10 滴班乃迪试剂，放入沸水浴中加热，观察反应现象并解释之。

8. 淀粉与映液显色反应

在试管中加入 2%淀粉溶液 5 滴和碘液 1 滴，观察有何颜色变化？再加热有何现象？放置冷却后又有什么变化？

【注释】

[1] 班乃迪试剂是经过改良的斐林试剂，主要成分是硫酸铜、枸橼酸钠和碳酸钠。班乃迪试剂比斐林试剂稳定，与还原糖的作用极为灵敏。

班乃迪试剂的配制：将 17.3g 硫酸铜溶于 100ml 的蒸馏水中，另将 100g 无水碳酸钠和 173g 枸橼酸钠溶于 800ml 热蒸馏水中。将两溶液混合，用蒸馏水稀释至 1000ml，若混浊，需过滤后方可使用。

[2] 各种糖与苯肼形成糖脎的时间及结晶形状不同，可用于鉴别不同的糖。果糖、葡萄糖、甘露糖形成相同的糖脎。乳糖与麦芽糖的糖脎易溶于热水，冷却后方可得到结晶。

[3] 实验很灵敏，自单糖到纤维素均有反应。此外，丙酮、甲酸、乳酸、草酸、葡萄糖醛酸及糠醛衍生物等也能与莫里许试剂产生颜色。因此，阴性反应是糖类不存在的确证，而阳性反应则只表明可能含有糖类。

莫里许试剂的配制：将 10g α-萘酚溶于 95%乙醇溶液中，再用 95%乙醇溶液稀释至 100ml。用前配制。

[4] 西里瓦诺夫试剂的配制：将 0.05g 间苯二酚溶于 50ml 浓盐酸中，用水稀释至 100ml。

【思考题】

(1) 何谓还原糖？它们在结构上有什么特点？如何区别还原糖和非还原糖？

(2) 若用蔗糖水解液制取糖脎，能得到几种特征晶形的脎？为什么？

(3) 蔗糖与班氏试剂长时间加热时，有时也能得到正性结果，怎样解释此现象？

(4) 为什么可以利用碘溶液定性地了解淀粉水解进行的程度？

(5) 用简便的化学方法鉴别下列化合物：葡萄糖、果糖、麦芽糖、蔗糖、乳糖、淀粉。

第三章 综合性实验

实验十六　茶叶中咖啡因的提取

【实验目的】

(1) 学习从茶叶中提取咖啡因的基本原理和方法，了解咖啡因的一般性质。

(2) 掌握用索氏提取器提取有机物的原理和方法。

(3) 进一步熟悉萃取、蒸馏、升华等基本操作。

【实验原理】

茶叶中含有多种生物碱，其中以咖啡因(又名 caffeine，即咖啡碱)为主，约占 1%～5%，另外还含有单宁酸(又名鞣酸)、没食子酸及色素、纤维素、蛋白质等。咖啡因是杂环化合物嘌呤的衍生物，其结构式和化学名称如下：

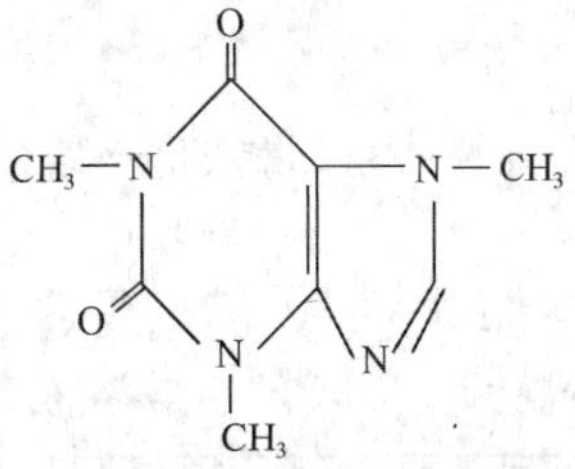

1,3,7-三甲基-2,6 二氧嘌呤

咖啡因是弱碱性化合物，可溶于氯仿、丙醇、乙醇和热水中，难溶于乙醚和苯(冷)。纯品熔点 235～236℃。含结晶水的咖啡因为无色针状晶体，在 100℃时失去结晶水，并开始升华，120℃时显著升华，178℃时迅速升华。它具有刺激心脏，兴奋大脑神经和利尿等作用，故可以作为中枢神经兴奋药，它也是复方阿司匹林(A. P. C)等药物的组分之一。

从固体混合物中萃取所需要的物质是利用固体物质在溶液中的溶解度不同来达到分离提纯的目的。通常是用长期浸出法或采用索氏提取器(脂肪提取器)来提取物质。前者是用溶剂长期的浸润溶解而将固体物质中所需物质浸出来，然后用过滤或倾析的方法把萃取液和残留的固体分开。药厂中常用此法萃取，这种方法效率不高，时间长，溶剂用量大。实验室多采用索氏提取器(脂肪提取器)来提取物质。

用溶剂提取天然药物中有效成分的方法有多种，如浸渍法、渗漉法、煎煮法、回流提取法、连续回流提取法等。

索氏提取器(图 3-16-1)是利用溶剂加热回流及虹吸原理，使固体物质每一次都能为纯的溶剂所萃取。优点是效率高，溶剂用量少。此法对受热易分解或变色的物质不宜采用，也不宜采用高沸点溶剂。索氏提取器由三部分构成，上面是冷凝管，中部是带有虹吸管的提取管，下部是烧瓶。萃取前应先将固体物质研细，以增加液体浸溶的面积。然后将固体物质放入滤纸套内，并将其置于中部，内装物不得超过虹吸管。将脂肪提取器装置在圆底烧瓶上，在烧瓶中加入溶剂和1～2粒沸石，上面安装回流冷凝管。当溶剂沸腾时，蒸汽通过通气管上升，被冷凝管冷凝成液体，滴入提取管中。当液面超过虹吸管最高处时，产生虹吸，萃取液自动流入烧瓶中，因而萃取出溶于溶剂的部分物质，再蒸发溶剂，如此循环多次，直到被萃取物质富集于烧瓶中，然后用适当方法将萃取物质从溶液中分离出来。

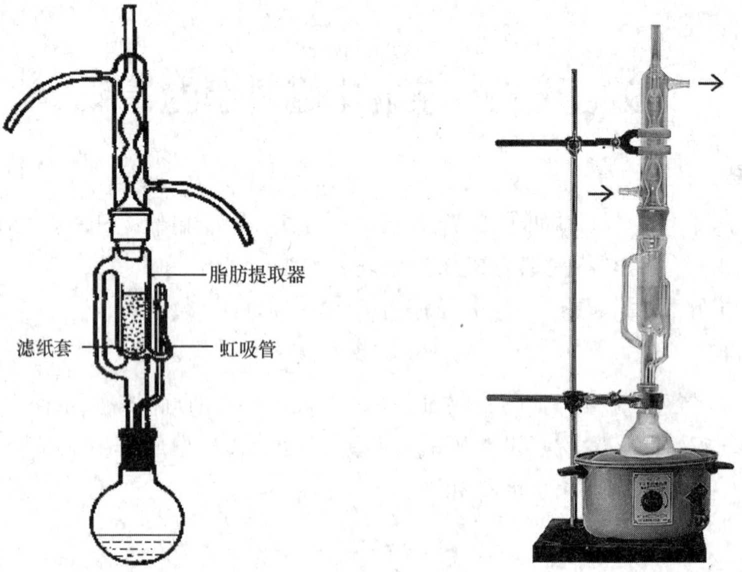

图 3-16-1　索氏提取器

现在制药工业多用合成方法来制取咖啡因。本实验采用提取法从茶叶中提取咖啡因。利用咖啡因易溶于乙醇、易升华等特点，以95%乙醇溶液作溶剂，通过索氏提取器进行连续抽提，然后浓缩、焙烘得到粗品咖啡因，再通过升华提取得到纯品咖啡因。

【实验仪器与试剂】

1. 仪器

蒸发皿(100ml)、150℃温度计、玻璃漏斗、量筒(100ml)、烧杯(50ml)、滤纸筒、索氏提取器、普通蒸馏装置、台秤、分析天平、滤纸、试管、大烧杯、大小蒸发皿两个(做砂浴用)、加热套、电炉、水浴装置。

2. 试剂

茶叶、95%乙醇溶液、生石灰(CaO)粉、固体咖啡因、饱和咖啡因水溶液、鞣酸(10%)、碘化汞钾试剂、浓氨水、H_2O_2(30%)、Na_2CO_3(5%)、HCl(5%)、$KMnO_4$(0.5%)、砂。

【实验操作】

1. 咖啡因的提取

(1) 抽提：称取2g干茶叶，装入滤纸筒内，轻轻压实，滤纸筒上口塞一团脱脂棉[1]，置于抽提筒中，在圆底烧瓶内加入70～80ml95%乙醇溶液，投入几粒沸石，用电热套加热乙醇至沸腾，连续抽提2～3次，待冷凝液刚刚虹吸下去时，立即停止加热。

(2) 回收乙醇：装好蒸馏装置，水浴加热蒸馏，回收大部分乙醇(沸点78℃)。然后把残液(大约10～15ml)倒入蒸发皿中，蒸馏瓶用很少量乙醇洗涤，洗涤液合并于蒸发皿中，在蒸汽浴上浓缩至残液约10ml左右。

(3) 升华提纯：在盛有浓缩残液的蒸发皿中加入 4g 研细的生石灰(CaO)粉[2]。在玻棒不断搅拌下，先用蒸汽浴将乙醇基本蒸干；再在石棉网上用小火将固体慢慢焙炒至干，务必要使水分完全除去[3]。稍冷后，取一只合适的玻璃漏斗，罩在隔以刺有许多小孔的滤纸的蒸发皿上，并在漏斗颈部塞一团疏松的棉花[4]。将蒸发皿放在石棉网上用小火小心加热升华。要适当控制火焰，尽可能使升华速度放慢，以提高结晶纯度和产量。当发现有棕色烟雾时，即升华完毕，停止加热。冷却后，揭开漏斗和滤纸，仔细收集附在滤纸上方(或下方)的咖啡因白色针状结晶。将蒸发皿内的残渣加以搅拌，重新放好滤纸和漏斗，用较高的温度再加热升华一次，此时，温度也不宜太高，否则蒸发皿内大量冒烟，产品既受污染又遭损失[5]。合并两次升华所收集的咖啡因，测定熔点。

2. 咖啡因的鉴定

(1) 与生物碱试剂：取咖啡因结晶的一半于小试管中，加 4ml 水，微热，使固体溶解。分装于 2 支试管中，一支加入 1～2 滴 5%鞣酸溶液，记录现象[6]；另一支加 1～2 滴 10%盐酸溶液(或 10%硫酸溶液)，再加入 1～2 滴碘—碘化钾试剂，记录现象[7]。

(2) 氧化：在表面皿剩余的咖啡因中，加入 30% H_2O_2 8～10 滴，置于水浴上蒸干，记录残渣颜色。再加一滴浓氨水于残渣上，观察并记录颜色有何变化[8]。

【注意事项】

(1) 脂肪提取器是利用溶剂回流和虹吸原理，使固体物质连续不断地为纯溶剂所萃取的仪器。脂肪提取器为配套仪器，其任一部件损坏，将会导致整套仪器的报废，特别是虹吸管极易折断，所以在安装仪器和实验过程中须特别小心。

(2) 用滤纸包茶叶末时要严实，防止茶叶末漏出堵塞虹吸管；滤纸包大小要合适，既能紧贴套管内壁，又能方便取放，且其高度不能超出虹吸管高度。滤纸筒的直径要略小于抽提筒的内径，其高度一般要超过虹吸管，但是样品不得高于虹吸管，如无现成的滤纸筒，可自行制作。其方法为：取脱脂滤纸一张，卷成圆筒状(其直径略小于抽提筒内径)，底部折起而封闭(必要时可用线扎紧)。

(3) 若套筒内萃取液色浅，即可停止萃取。

(4) 浓缩萃取液时不可蒸得太干，以防转移损失，否则因残液很黏而难于转移，造成损失。

(5) 拌入生石灰要均匀，生石灰的作用除吸水外，还可中和除去部分酸性杂质(如鞣酸)。

(6) 升华过程中要控制好温度。若温度太低，升华速度较慢；若温度太高，会使产物发黄(分解)。

(7) 刮下咖啡因时要小心操作，防止混入杂质。

【注释】

[1] 主要是为了使溶剂均匀地浸润茶叶。

[2] 放置生石灰可以中和茶叶中的单宁酸，此外还可以吸收水分。

[3] 如留有少量水分，升华开始时，将产生一些烟雾，污染器皿和产品。

[4] 在蒸发皿上覆盖刺有小孔的滤纸是为了避免已升华的咖啡因回落入蒸发皿中，纸上的小孔应保证蒸汽通过。漏斗颈塞棉花，为防止咖啡因蒸汽逸出。

[5] 温度太高，将导致被烘物和滤纸炭化，一些有色物质也会被带出来，影响产品的质量，进行再升华时，加热亦应严格控制。

[6] 咖啡因属于嘌呤衍生物，可与生物碱试剂鞣酸生成白色沉淀。

[7] 红褐色的沉淀。

[8] 咖啡因可被过氧化氢、氯酸钾等氧化剂氧化，生成四甲基偶嘌呤(将其用水浴蒸干，呈玫瑰色)，后者与氨作用即生成紫色的紫脲铵。该反应是嘌呤类生物碱的特性反应。

【思考题】

(1) 试述索氏提取器萃取原理，它和一般的浸泡萃取比较有哪些优点？

(2) 进行升华操作时应注意哪些问题？

(3) 蒸发皿上为什么要盖一张带小孔的滤纸？漏斗颈部为什么要塞一团疏松棉花？

(4) 写出从茶叶中提取咖啡因的工艺流程。

实验十七　柱　色　谱

【实验目的】

(1) 了解柱色谱分离有机物的原理和方法。

(2) 初步掌握柱色谱分离有机物的基本操作。

【实验原理】

前边我们介绍了蒸馏、萃取、重结晶和升华等有机化合物的提纯方法。然而，我们会经常遇到化合物的物化性质十分相近的情况，用以上几种方法均不能得到较好的分离，此时，用色谱分离技术可以得到满意的结果。

色谱法(chromatography，又称色层法、层析法)，是一种对混合物进行分离、分析的方法。1903 年，俄国植物学家茨威特在分离植物色素时，得到了各种不同颜色的谱带，故得名色谱法。以后，此法虽逐渐应用于无色物质的分离，但“色谱”一词仍被人们沿用至今。随着科技的飞速发展，色谱分离技术应用越来越广泛，已发展成为分离、纯化和鉴定有机化合物的重要实验技术。色谱分离是通过混合物在两相间的分配差异来实现的。构成色谱分离的两相，分别称为固定相和流动相，分离时流动相流过固定相。

根据两相的物态类型，有液-固色谱和液-液色谱两类基本色谱方法(也有气-液色谱和气-固色谱)。

(1) 液-固色谱的固定相是粉末状或颗粒状固体，具有表面吸附活性，流动相是液体。混合物中各组分在固定相表面上的吸附强度不同，因此当流动相流过时各组分随流动相的移动速度不同从而实现分离。柱色谱、薄层色谱大都属于这类色谱。

(2) 液-液色谱的固定相是附着于载体的液层，流动相是另一种液体，二者可以是不互溶的或部分互溶的。混合物中各组分在两液相间的溶解性质不同，则在两液相中的浓度不同，随流动相移动的速度也不同，从而实现分离。纸色谱和有些薄层色谱属于这类色谱。

色谱法能否获得满意的分离效果关键在于条件的选择。

根据混合组分对固定相与流动相的作用方式不同，色谱法可分为吸附色谱、分配色谱、离子交换色谱等。根据操作条件的不同，又可分为柱色谱、纸色谱、薄层色谱、气相色谱及高效液相色谱等类型。

色谱法的基本原理是利用混合物各组分在某一物质中吸附或溶解性能(即分配)的不同，或其他亲合作用性能的差异，使混合物以溶液流经该种物质进行反复吸附或分配作用，从而使各组分分离。

柱色谱法可看成是一种固-液吸附色谱法。它是在柱状玻璃管中装入有适当吸附性能的固体物质(如氧化铝、硅胶等)作为固定相，此玻璃管称色谱柱或层析柱。将欲分离的组分配成溶液后，倒入色谱柱中吸附层的上端，再选用混合溶剂或单一溶剂作为流动相，以一定的速度从上端通过色谱柱。由于混合液中各组分与固定相吸附亲合力强弱的差异，各组分被吸附在色谱柱的不同部分，经过流动相一定时间的冲洗，各组分经过反复多次吸附和解吸作用而产生差速迁移，与固定相吸附力小的组分位于柱的下端，而与固定相吸附力大的组分位于柱的上端，从而达到彼此分离的目的。

如图 3-17-1，将含有 A、B、C 三组分的混合物，用适量的溶剂溶解后，加到色谱柱的顶端，A、B、C 三组分吸附在色谱柱内顶端的吸附剂上。当加入溶剂(流动相)通过色谱柱时，由于溶剂的冲洗或洗脱作用，开始吸附在色谱柱上端的 A、B、C 三组分便随着溶剂从上向下流动从吸附剂洗脱下来（即解吸作用），溶解在溶剂中，又随着溶剂向下流动。在此过程中，A、B、C 三组分迁移到色谱柱下面新的吸附剂颗粒时，又重新被吸附剂所吸附。它们就是这样一会儿被吸附在吸附剂上，一会儿又从吸附剂上解吸下来，溶解在流动的溶剂中，如此反复进行，在色谱柱上连续不断地产生吸附、解吸、再吸附、再解吸的重复过程，使 A、B、C 三组分的微小差异积累起来，逐步使差异变大（如图 3-17-1）。由此可以看出，A、B、C 三组分在色谱柱内经过一段时间的洗脱，能够产生差速迁移的原因是 A、B、C 三组分对吸附剂的吸附能力及在溶剂中的溶解能力有差异，同时，吸附、解吸的连续反复进行的次数较多，使微小差异逐步变大。最后，迁移速度快的 C 组分达到色谱柱下端，迁移速度较慢的 B 组分则在色谱柱的中部，迁移速度最慢的 A 组分则在色谱柱的上部。这样，A、B、C 三组分就完全分开，形成三个谱带，每一个谱带内是一种纯物质。将每个谱带取出后用适当溶剂溶出，可分别进行分析测定。由于在结构上只有微小差异的各组分，往往会出现吸附层互相重叠的现象，可采用溶剂连续“洗脱法”，即用溶剂不断地冲洗，吸附力弱的组分就先被洗去，将洗脱液分段收集，从而达到分离的目的。

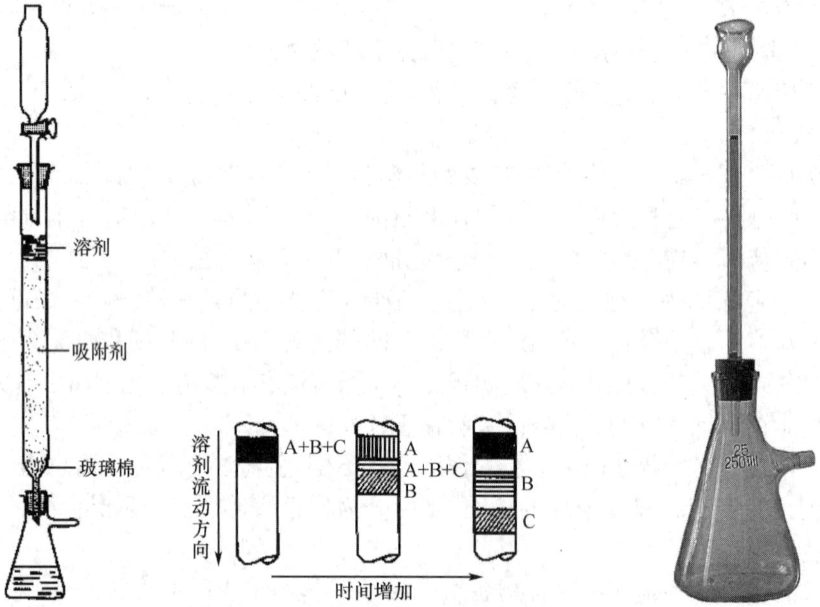

图 3-17-1　柱色谱装置和分离示意图

1. 柱色谱分离条件

柱色谱主要分离条件的选择包括对吸附剂的选择和对洗脱溶剂的选择。

(1) 吸附剂的选择：常用吸附剂是根据其分子极性分类的。极性强的有氧化铝、硅胶、活性炭；极性弱的有蔗糖、淀粉、纤维素等。

吸附剂对有机物的吸附作用有多种形式。以氧化铝作为固定相时，非极性或弱极性有机物与固定相之间只有范德华力作用，吸附较弱；极性有机物同固定相之间可能有偶极力或氢键作用，离子型的有机物还会有成盐作用（图 3-17-2）。这些作用的强度依次为：成盐作用＞配位作用＞氢键作用＞偶极作用＞范德华力作用。有机物的极性越强，在氧化铝上的吸附越强。

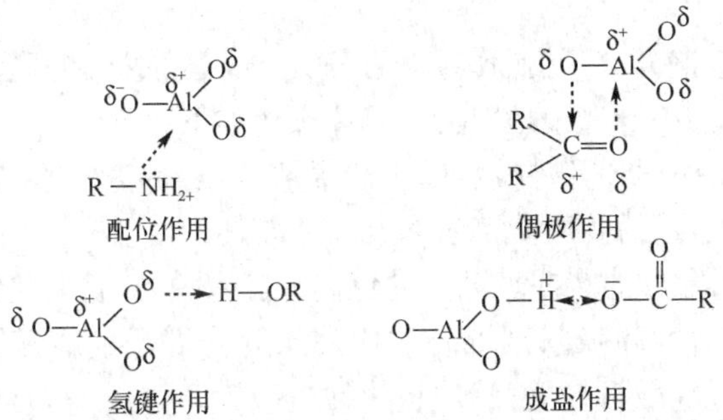

图 3-17-2　氧化铝对于不同有机物的作用形式

色谱用的氧化铝可分酸性、中性和碱性三种。酸性氧化铝 pH 为 4～4.5，用于分离羧酸、氨基酸等酸性物质；中性氧化铝 pH 为 7.5，用于分离中性物质，应用最广；碱性氧化铝 pH 为 9～10，用于分离生物碱、胺和其他碱性化合物等。

对氧化铝这类强极性的吸附剂的吸附强度与化合物的极性相关，氧化铝对各种化合物的吸附强度按以下次序递减：

酸和碱＞醇、胺、硫醇＞酯、醛、酮＞卤代物、醚＞芳烃、烯烃＞饱和烃。

吸附剂的活性也与其含水量有关。含水量越低，活性越高。脱水的中性氧化铝也称为活性氧化铝。

硅胶是中性的吸附剂，可用于分离各种有机物，是应用最为广泛的固定相材料之一。活性炭适用于分离各种有机物，但由于是黑色的，不利于操作观察。

选择吸附剂时还要考虑到以下几点：不溶于所使用的溶剂，与要分离的物质不起化学反应或催化作用，具有确定的组成，颗粒大小均匀。吸附剂的粒度越小，比表面越大，分离效果越明显。但流动相流动越慢，有时会产生分离带的再重叠，适得其反。

(2) 洗脱溶剂的选择：选择适宜的洗脱溶剂是实现高效的色谱分离的重要条件。在色谱分离过程中，混合物中各组分在吸附剂和洗脱剂之间发生吸附—溶解分配。极性强的洗脱溶剂也会对固定相表面发生相对于混合物组分的竞争吸附，极性更强的有机物很少被洗脱，极性小的有机物较多地被洗脱，随洗脱溶剂的流过，不同极性的有机物以不同的次序形成分离带。

当一种溶剂不能实现很好的分离时，选择使用不同极性的溶剂分级洗脱。如一种溶剂作为展开剂只洗脱了混合物中一种化合物，对其他组分不能展开洗脱，需换一种极性更大的溶剂进行第二次洗脱。这样分次用不同的展开剂可以将各组分分离。

对氧化铝固定相，首先使用极性最小的溶剂，使最容易脱附的组分分离。然后加入不同比例的极性溶剂配成洗脱溶剂，将极性较大的化合物从色谱柱中洗脱下来。常用洗脱溶剂的极性按如下次序递增：

己烷和石油醚＜环己烷＜四氯化碳＜甲苯＜苯＜二氯甲烷＜氯仿＜乙醚＜乙酸乙酯＜丙酮＜异丙醇＜乙醇＜甲醇＜水＜吡啶＜乙酸。

柱色谱的分离效果不仅依赖于吸附剂和洗脱溶剂的选择，也与制成的色谱柱有关。要求柱中的吸附剂用量为被分离样品量的 30～40 倍，若需要时可增至 100 倍。柱高和直径之比一般是 7.5∶1。

2. 操作方法

利用色谱柱进行色谱分离，其操作程序可分为：装柱、加样、洗脱、收集、鉴定五个步骤。对于每一步工作，都需要小心谨慎地对待。具体操作如下：

(1) 装柱：先用洗液洗净色谱柱，然后用清水清洗，再用蒸馏水清洗、干燥，在柱底塞入一小团脱脂棉或玻璃丝，然后将吸附剂装入柱内。装柱的方法有湿法和干法两种：

1) 湿法：先将柱底塞有棉花或玻璃丝的色谱柱旋塞关闭，将备用的溶剂装入管内，使达柱的一半高度处，再用溶剂和吸附剂混合调成糊状后分批少量地慢慢倒入柱中，在装柱的同时用橡皮管或铅笔轻轻敲打柱壁，然后将管的下端旋塞打开一点，使溶剂慢慢流出，吸附剂即渐渐沉于管底，当装入量约为四分之三时，再在上面加一层 0.5cm 厚的石英砂或一小圆滤纸片以保证吸附剂上端顶部平整，不受注入溶剂干扰。整个装填过程中不能使吸附剂有裂缝或气泡，否则影响分离效果。

2) 干法：在柱上端放一干燥漏斗，使吸附剂均匀地经漏斗成一细流慢慢装入管内，中间不应间断，时时轻轻敲打柱壁，使装填均匀，全部加入后，加入溶剂，使吸附剂全部湿润，必要时加入一小张滤纸于吸附剂表面。

一般湿法装柱为好，易于赶走吸附剂夹杂的气泡，无论采用哪种方法装，都必须注意：

A. 不能使装好的柱内吸附剂有裂缝或气泡。

B. 装好的柱湿润后不能让它因缺失溶剂而干燥，应在吸附剂上部表面保持 0.5～1cm 高的一层覆盖溶剂。否则，进入气泡或产生裂缝影响柱的分离效能。

(2) 加样：把要分离的样品配制成适当浓度的溶液，将吸附剂上多余的溶剂放出，直到柱内溶剂达吸附剂表面时，停止放出溶剂，沿管壁加入样品溶液，注意不要使溶液把吸附剂冲松浮起，样品溶液加完后，开起下端活塞，使液体渐渐放出，至溶液和吸附剂表面相齐(勿使吸附剂表面干燥)，即可用溶剂洗脱。

(3) 洗脱：在洗脱过程中注意以下事项。

1) 应连续不断地加入洗脱剂，并要求保持液面一定高度，使其产生足够的压力提供平稳的流速。

2) 在整个操作中不能使吸附柱的表面流干，一旦流干后再加洗脱剂，易使柱中产生气泡和裂缝，影响分离。

3) 应控制流速，一般流速不应太快，否则柱中交换来不及达到平衡，因而影响分离效果；若流速太慢，会延长整个操作时间，而且对某些表面活性较大的吸附剂如氧化铝来说，有时会因样品在柱上停留时间过长，而使样品成分有所改变。

(4) 收集：如果样品各组分有颜色，在柱上分离的情况可直接观察出来，分别收集各个组分即可。在多数情况下化合物无颜色，一般采用多份收集，每份收集量要小。对每份洗脱液，采用薄层色谱或纸色谱进行定性检查，根据检查结果，可将组分相同的洗脱液合并后蒸去溶剂，留待进一步的结构分析。对于组分重叠的洗脱液可以再行色谱分离。

【实验仪器与试剂】

1. 仪器

常备仪器：色谱柱(可用截取刻度为 15～20 厘米长的酸式滴定管代替)一根、滴管、研钵、滴液漏斗、套有橡皮塞的玻棒。

2. 试剂

中性氧化铝(100～140 目柱色谱用)、硅胶、脱脂棉、滤纸、甲基橙和亚甲基蓝的乙醇混合液[1]、无水乙醇、无水 Na_2SO_4、浓 H_2SO_4、氯仿、石英砂(可用滤纸或干净砂代替)、洗脱剂(一)(95%乙醇溶液、5%NaOH)洗脱剂(二)(氯仿∶乙酸乙酯=9∶1)。

【实验操作】

甲基橙与亚甲基蓝的分离

1. 装柱(干法)

按图 3-17-1 安装一根洁净干燥的色谱柱[2],将少量脱脂棉装入柱的底部,轻轻压紧(若过紧,洗脱太慢)。在脱脂棉上盖一张比柱内径略小的滤纸,柱的上端插一玻璃漏斗。称取7～10 克中性氧化铝并经漏斗均匀地成一细流慢慢装入柱内,边加边用套有橡皮塞的棒轻敲色谱柱的下端,使柱填充均匀、适度紧密[3]。上层氧化铝表面要平。为保护柱面,在氧化铝柱顶盖一层约 5 毫米厚的石英砂(或故一张比柱内径略小的滤纸),使砂面水平。从柱口沿管壁缓缓加入少量 95%乙醇溶液,使柱内氧化铝全部润湿,同时打开柱下口活塞,控制流速为 1 滴/秒,并用一锥形瓶接收流出的乙醇液。

2. 加样

当乙醇液层下降至刚好与砂面(或纸面)相平时,迅速用滴管沿管壁加入 1 毫升 95%的甲基橙和亚甲基蓝的乙醇样品液。

3. 洗脱与显谱

当样品液面下降至与砂面相平时,用约 1 毫升的乙醇溶液淋洗管壁上的色素,待色素稍稍下移一段距离,立即在柱口插一滴液漏斗(内盛 95%乙醇溶液),调节滴液漏斗活塞,使柱上端液面保持 2～3 厘米高度,控制滴入速度与柱流出速度相同,直至柱上明显分出橙、蓝两个色带。当蓝色带到达柱底部时,更换锥形瓶,收集全部蓝色色素液。待乙醇液面接近砂面时更换 5%NaOH 溶液作为洗脱剂,将橙色带洗脱下来,并用另一锥形瓶收集。

大黄素和大黄素甲醚的分离

柱色谱主要用于把混合物分离为单一成分,由于中药成分复杂,所以广泛应用于中药有效成分的分离纯制。大黄素和大黄素甲醚是蒽醌的苷元,而在中药虎杖中是以苷的形式存在。为提高提取效果,先使苷水解,又因苷元的亲酯性较强,故用氯仿回流提取总苷元,再用柱色谱分离出不同苷元,其中包括大黄素和大黄素甲醚。

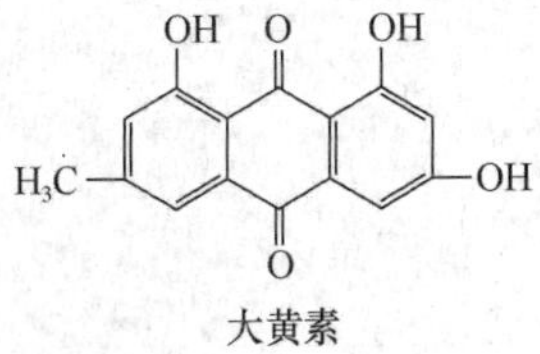

大黄素

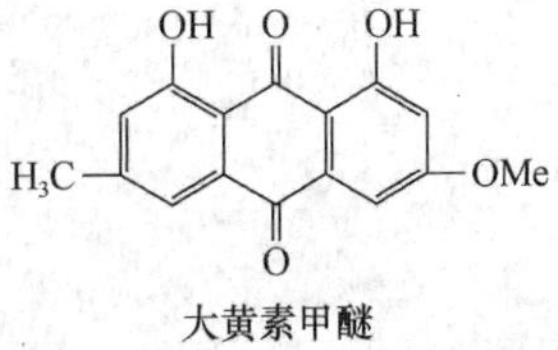

大黄素甲醚

1. 蒽醌苷元的提取

取虎杖饮片 50g,加 15% H_2SO_4溶液 60ml(5ml H_2SO_4加 55ml 水)加热半小时后,加氯仿 200ml,继续加热回流 2 小时,过滤(氯仿液用 50g 无水 Na_2SO_4),干燥(先把 Na_2SO_4加热炒)半小时后,过滤,回收氯仿至 5～10ml,到入蒸发皿,加适量色谱用硅胶(2～3g)水浴上拌样,拌干后放置于干燥器中待上柱用。

2. 大黄素和大黄素甲醚的分离

按照上面所介绍的方法,再装一根 50cm 硅胶柱。把硅胶拌好的样品,经一个小漏斗加到硅胶柱上端,装后再放少量硅胶,用一剪好的滤纸盖在上面,并在滤纸上放几粒小玻璃球,以免洗脱时被溶剂冲起,破坏样品界面而影响分离效果。加样完毕后,配制 200ml 的氯仿：乙酸乙酯(9：1)的溶液为洗脱剂，置于分液漏斗中进行连续洗脱，观察洗脱现象(出现各种不同色带)，分别收集相同色带的洗脱剂，将先流出的洗脱剂(黄色)弃去，收集第一个橙色带和第二个红色带，第一个橙色带为大黄素甲醚，第二个红色带为大黄素。

【注意事项】

(1) 柱色谱用氧化铝以通过 80～100 目筛孔的颗粒为宜。

(2) 色谱柱要填装均匀，不能有断层或裂缝。

(3) 操作全过程(填装、加样、洗脱和分离)都要防柱身干裂。

【注释】

[1] 此溶液由 0.05g 甲基橙和 0.25g 亚甲基蓝溶于 110ml95％乙醇溶液中配成。

[2] 若色谱柱是由酸式滴定管改制而成，则下端活塞不用涂凡士林或油脂，否则会影响分离产物的纯度。

[3] 若色谱柱填装不紧密、不均匀，或有气泡，会影响渗透速度，使色带不整齐，显色的均匀度也差。但过于紧密，会使洗脱很慢。

【思考题】

(1) 柱色谱法可分为几类？本实验用于哪类？其原理是什么？

(2) 要使柱色谱获得成功，在操作上应注意哪些问题？

(3) 柱色谱中为什么极性大的组分要用极性较大的溶剂洗脱？

实验十八　薄层色谱

【目的要求】

(1) 了解薄层色谱的基本原理及一般操作技术。

(2) 学习用薄层色谱法分离混合染料的方法。

【基本原理】

薄层色谱(thin layer chromatography,TLC)是一种简便、快速、微量的色谱方法。一般将柱色谱所用的吸附剂撒布到平面,如玻璃片上,形成一薄层进行层析—即称薄层色谱。薄层色谱除了具有一般色谱法的应用特点外,也经常用于寻找柱色谱的最佳分离条件。

薄层色谱与柱色谱的原理相同,也可以分为吸附色谱和分配色谱(现主要介绍固-液吸附色谱),只不过固体吸附剂是在玻璃板或硬质塑料板上铺成均匀的薄层(约 0.25～1 毫米厚),用毛细管将样品点在板的一端,把板放在合适的流动相(展开剂)里,流动相带着混合物组分以不同的速率沿板移动,即组分被吸附剂不断地吸附,又被流动相不断地溶解-解吸而向前移动。由于吸附剂对不同组分有不同的吸附能力,流动相也有不同的解吸能力。因此,在流动相向前移动的过程中,不同的组分移动不同的距离而形成了互相分离的斑点。在给定条件下(吸附剂、展开剂的选择,薄层厚度及均匀度等),化合物移动的距离与展开剂前沿移动的距离之比值(R_f值)是给定化合物持有的常数。即:

$$R_f=\frac{\text{样品原点中心到斑点中心的距离}}{\text{样品原点中心到溶剂前沿的距离}}$$

如图 3-18-1 所示,d 为点样点到溶剂前沿的距离,d_1为点样点到斑点 1 的距离,d_2为点样点到斑点 2 的距离。

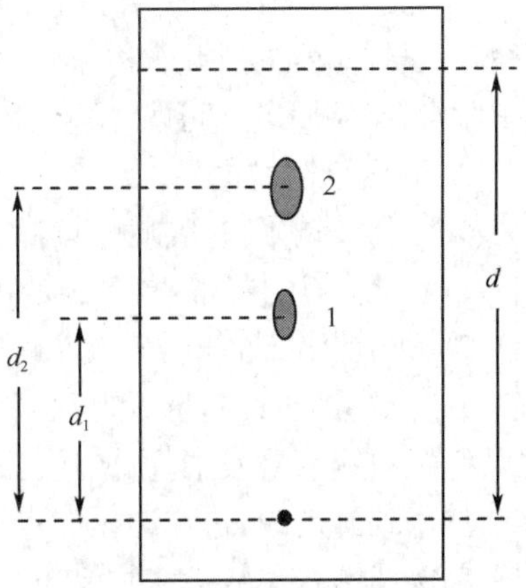

图 3-18-1　薄层色谱示意图

利用薄层色谱进行分离及鉴定工作,在灵敏、快速、准确方面比纸色谱优越。薄层色谱的特点是:

(1) 设备简单,操作容易。

(2) 分离时间短,只需数分钟到几小时即可得到结果,因而常用来跟踪有机反应,检测有机反应完成的程度。

(3) 分离能力强,斑点集中,特别适用于挥发性小,或在高温下易发生变化而不能用气相色谱分离的物质。

(4) 可采用腐蚀性的显色剂如浓硫酸,且可在较高温度下显色。

(5) 不仅适用于小量样品(几毫克)的分离,也适用于较大量样品的精制(可达 500 毫克)。

应该指出,薄层色谱是否成功,与样品、使用的吸附剂、展开剂以及薄层的厚度等因素有关。

1. 吸附剂的选择

薄层色谱常用的吸附剂或支持剂是硅胶或氧化铝,其选择原则和柱层析相同。主要区别在于薄层层析要求吸附剂(支持剂)的粒度更细,一般应小于 250 目,并要求粒度均匀。用于薄层层析的吸附剂或预制薄层一般活度不宜过高,以Ⅱ～Ⅲ级为宜。而展开距离则随薄层的粒度粗细而定，薄层粒度越细，展开距离相应缩短，一般不超过 10 厘米，否则可引起色谱扩散影响分离效果。薄层色谱常用的硅胶分为硅胶 H 不含黏合剂；硅胶 G 含煅石膏做黏合剂；硅胶 HF-254 含荧光物质，可在波长 254nm 紫外光下观察荧光；硅胶 GF-254 含有煅石膏和荧光剂。常用的氧化铝也分为氧化铝 G、氧化铝 GF254 及氧化铝 HF254。

2. 展开剂的选择

薄层层析，当吸附剂活度为一定值时（如Ⅱ或Ⅲ级），对多组分的样品能否获得满意的分离，取决于展开剂的选择。中草药化学成分在脂溶性成分中，大致可按其极性不同而分为无极性、弱极性、中极性与强极性。但在实际工作中，经常需要利用溶剂的极性大小，对展开剂的极性予以调整。

选择展开剂时，除参照表列溶剂极性来选择外，更多地采用试验的方法，在一块薄层板上进行试验：

(1) 若所选展开剂使混合物中所有组分点都移到了溶剂前沿，此溶剂的极性过强。

(2) 若所选展开剂几乎不能使混合物中的组分点移动，留在了原点上，此溶剂的极性过弱。

当一种溶剂不能很好地展开各组分时，常选择用混合溶剂作为展开剂。先用一种极性较小的溶剂为基础溶剂展开混合物，若展开不好，用极性较大的溶剂与前一溶剂混合，调整极性，再次试验，直到选出合适的展开剂组合。合适的混合展开剂常需多次仔细选择才能确定。一些常用溶剂和它们的相对极性：

甲醇＞乙醇＞异丙醇＞乙氰＞乙酸乙酯＞氯仿＞二氯甲烷＞乙醚＞甲苯＞正己烷、石油醚

强极性溶剂｜←————————中等极性溶剂————————→｜非极性溶剂

常用混合溶剂：乙酸乙酯/正己烷，常用比例 1∶10～1∶3；乙醚/戊烷，常用比例 1∶10～1∶2.5；乙醇/正己烷，对强极性化合物 1∶10～1∶3 比较合适；二氯甲烷/正己烷，常用比例 1∶10～1∶3，当其他混合溶剂失败时可以考虑使用。

3. 薄层色谱技术

薄层色谱技术包括制板、点样、展开、显色等。

(1) 薄层板的制备：薄层板的薄层应尽可能均匀而且厚度（0.25～1mm）要固定；否则，展开时溶剂前沿不齐，色谱结果也不易重复。

制备薄层板，首先将吸附剂调成糊状：如称取约 3g 硅胶 G，加入到 6～7ml 0.5%的羧甲基纤维素钠水溶液中，调成均匀的糊状物（可铺 7～8 张载玻片）。这一步一定要将吸附剂逐渐加入到溶剂中，边加边搅拌；如果把溶剂加到吸附剂中，容易产生结块。然后采用简单的平铺法和倾斜法将糊状物涂布在干净的载玻片上，制成薄层板。

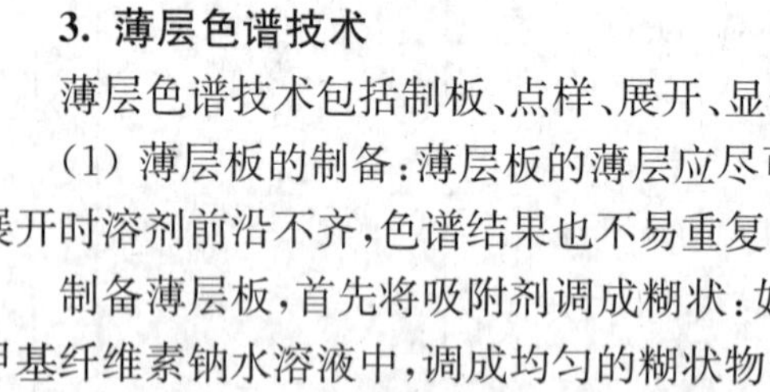

图 3-18-2　薄层板涂布器

1. 吸附剂薄层；2. 涂布器；3. 玻璃夹板；4. 玻璃板

1) 平铺法：可将自制涂布器（如图 3-18-2）洗净，把干净的载玻片在涂布器中摆好，上下两边各夹一块比载玻片厚 0.25mm 的玻璃板，在涂布器槽中倒入糊状物，将涂布器自左向右推，即可将糊状物均匀地涂在玻璃板上。

2) 倾斜法：如没有涂布器，则可将调好的糊状物倒在载玻片上，用药匙摊开后，用手摇晃并轻轻敲击玻板背面，使其糊状物均匀铺开且表面均匀光滑。

涂好的薄层板室温水平放置晾干后，放入烘箱内加热活化，活化条件根据需要而定。硅胶板一般在烘箱中渐渐升温，维持105～110℃活化30分钟。氧化铝板在200～220℃烘4小时可得活性Ⅱ级的薄板。150～160℃烘4小时可得活性Ⅲ～Ⅳ级的薄板。薄层板的活性与含水量有关，其活性随含水量的增加而下降。注意硅胶板活化时温度不能过高，否则硅醇基会相互脱水而失活。活化后的薄层应放在干燥器内保存。

(2) 点样：将样品溶于低沸点溶剂(丙酮、甲醇、乙醇、氯仿、苯、乙醚和四氯化碳)配成1%的溶液中，用内径小于1mm管口平整的毛细管点样：用毛细管取样品溶液，在薄层板一端约1.0cm处，垂直地轻轻接触到薄层上的吸附剂，样品溶液就可靠到薄层上。在薄层色谱中，样品的用量对物质的分离效果有很大影响，所需样品的量与显色剂的灵敏度、吸附剂的种类、薄层厚度均有关系。样品太少，斑点不清楚，难以观察；样品量太多，往往出现斑点太大或拖尾现象，以至不易分开。若因样品溶液太稀，可重复点样，但应待前次点样的溶剂挥发后方可重新点样，样点直径一般以2～4mm为宜。同一薄层上的样点直径应一致。另外，点样要轻，不可刺破薄层。

(3) 展开：薄层板的展开需要在密闭的色谱缸(也可用标本缸或广口瓶等)中进行，如图3-18-3。

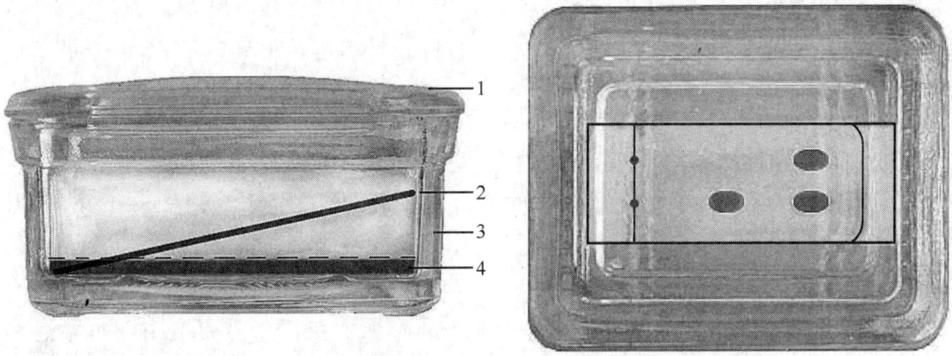

图3-18-3　薄层色谱装置图

1. 色谱缸盖；2. 薄层板；3. 色谱缸；4. 展开剂

用来展开样品中各组分的溶剂(流动相)称为展开剂。先将一定量展开剂放在色谱缸中，盖上缸盖，让缸内溶剂蒸汽饱和5～10分钟。再将点好试样的薄层板样点一端朝下放入缸内(注意控制器皿中展开剂的量，切勿使样点浸入展开剂中)，盖好缸盖，展开剂因毛细管效应而沿薄层上升，样品中组分随展开剂在薄层中以不同的速度自下而上移动而导致分离。当展开剂前沿上升到样点上方8～10cm时取出薄层板，放平，铅笔标明溶剂前沿位置，冷风吹干溶剂。

化合物在薄板上移动距离的多少取决于所选取的溶剂不同。但凡溶剂的极性越大，对化合物的洗脱能力也越大，即R_f值也越大。在戊烷和环已烷等非极性溶剂中，大多数极性物质不会移动，但是非极性化合物会在薄板上移动一定距离。极性溶剂通常会将非极性的化合物推到溶剂的前段而将极性化合物推离基线。一个好的溶剂体系应该使混合物中所有的化合物都离开基线，但并不使所有化合物都到达溶剂前端，R_f值最好在0.15～0.85之间。最理想的R_f值为0.4～0.5，良好的分离R_f值为0.15～0.75，如果R_f值小于0.15或大于0.75则分离不好，就要调换展开剂重新展开。

4. 显色

展开的薄层板上化合物斑点本身有颜色时，可直接观察。若化合物本身无色，可在紫外灯下观察荧光斑点，也可用显色剂显色。简单常用的显色剂是碘蒸汽，广口瓶中放置少量碘晶体，使用时将薄层板放入，盖上瓶盖，密封瓶内的碘蒸汽即可使大部分有机化合物显色（饱和烃与卤代烃除外）。

【实验仪器与试剂】

1. 仪器

常备仪器、电吹风、层桥缸、毛细管、研钵、滤纸、载玻片（2.5cm×7.5cm）。

2. 试剂

硅胶、环己烷、乙酸乙酯、1%苏丹Ⅲ的苯溶液、1%偶氮苯的苯溶液。

【实验操作】

1. 制板

称取3克硅胶G于研钵中，加蒸馏水7.5～8ml立即调成均匀糊状物，用牛角勺取一勺糊状物，并均匀铺在一块洁净干燥的载玻片上，手持玻片一端在平台上轻轻拍打，使成均匀薄层。薄板要达到表面平整、光滑、无水层和气泡。制好的板于平台上晾干，然后于105℃烘箱中烤0.5小时，凉后置于干燥器中备用。

2. 点样

在距薄板一端边缘1cm处作记号，作为起点线。用管口平整且内径小于1mm的毛细管分别吸取1%苏丹Ⅲ的苯溶液和样品液（1%苏丹Ⅲ和1%偶氮苯的混合苯溶液），点在板的起点线上，晾干。点样时不能在固体表面造成洞穴，点样直径不超过2～3mm，各点之间隔约1～1.5cm，以免展开时斑点互相干扰。若试样浓度稀，可再点一次。

3. 展开

先将以环已烷∶乙酸乙酯＝6∶1为展开剂倒入干燥洁净的层析缸中，加盖饱和5分钟，使缸内充满展开剂蒸汽。然后迅速将薄层板点样一端浸入展开剂，但样品点不可浸入，封盖。展开剂在薄板上向上展开（图3-18-3）。当展开剂上升到薄层板的3/4距离时取出薄层板，立即用铅笔划出溶剂前沿，接着用电吹风冷风吹干。

4. 显示谱图及测量 R_f 值

因样品本身有颜色，可不经显谱而直接测量计算 R_f 值。用铅笔轻轻划出斑点轮廓，确定斑点中心，仔细测量起始线到斑点中心和到溶剂前沿的距离，计算各组分的 R_f 值，保留两位有效数字。

【注意事项】

（1）薄层板的制备应注意两点

1）载玻片应干净且不被手污染。

2）吸附剂在玻片上应均匀平整，不要太厚。

（2）薄板涂好后静置和活化时间要够，否则板易裂，且斑点无法分开，使用前要充分活化。

（3）划起始线时要轻，不要刺破薄层。

（4）点样与展开应按要求进行

1）点样时，样品浓度不要太大，点样量也不要太多，否则斑点拖尾。若样品浓度太小，可待第一次点样溶剂挥干后再第二次点样。

2）点样不能戳破薄层板面，各样点间距 1～1.5cm，样点直径应不超过 2mm，样点过大，易造成拖尾、扩散现象，以致不易分开。

3）薄层板浸入展开剂不能超过点样线，否则样品不在薄层板上分离，而直接溶入展开剂。

4）展开时，不要让展开剂前沿上升至底线；否则，无法确定展开剂上升高度，即无法求得 R_f 值和准确判断粗产物中各组分在薄层板上的相对位置。

【思考题】

(1) 同柱色谱相比，指出薄层色谱法的优点。

(2) 展开剂的高度若超过了点样线，对薄层色谱有何影响？点样时，为何不能造成洞穴？

实验十九 纸 色 谱

【实验目的】

(1) 学习纸色谱的基本原理。

(2) 掌握纸色谱的基本操作。

【实验原理】

纸色谱是以滤纸作为载体，让样品溶液在滤纸上展开而达到分离的目的，纸色谱属分配色谱的一种。纸色谱的溶剂是由有机溶剂和水组成的。当有机溶剂和水部分溶解时，一相是以水饱和的有机溶剂相；一相是以有机溶剂饱和的水相。纸层析用滤纸作为载体，因为纤维和水有较大的亲和力，对有机溶剂则较差。水相为固定相，有机相(被水饱和)为流动相，称为展开剂。在滤纸的一定部位点上样品，当有机相沿滤纸流动经过原点时，即在滤纸上的水与流动相间连续发生多次分配，结果在流动相中具有较大溶解度的物质随溶剂移动的速度较快，而在水中溶解度较大的物质随溶剂移动的速度较慢，这样便能把混合物分开。

纸色谱法多数用于多官能团或极性较大的化合物如糖、氨基酸等的分离，对亲水性强的物质分离较好，对亲脂性的物质则较少用纸色谱。利用纸色谱进行分离，所费时间较长，一般需要几小时到几十小时。不过，由于它设备简单、试剂用量少、便于保存等优点，在实验室条件受限时常用此法。

纸色谱的操作方法和薄层色谱类似，分为滤纸和展开剂的选择、点样、展开、显色和结果处理等五个步骤。其中前两步的工作是做好纸色谱的关键。

1. 层析滤纸的选择与处理

(1) 滤纸质地要均匀、平整、边缘整齐，以保证展开剂展开速度均一。

(2) 滤纸有一定的机械强度，纸纤维松紧适宜。过于疏松，斑点易扩散，影响分离；过于紧密，则展开速度慢。所用滤纸还应结合展开剂进行考虑。

(3) 滤纸纸质要纯，杂质量少。

为了适应某些特殊化合物的分离，可对滤纸进行预处理，使滤纸具有新的性能。例如，分离酸性、碱性物质时，需要取得恒定的酸碱度，可将滤纸浸于一定的 pH 缓冲溶液中作预处理后再用，或者在展开剂中加一定比例的酸或碱。对于一些极性较小的物质，常用甲酰胺(或二甲基甲酰胺、丙二醇等)来代替水作为固定相，以增加其在固定相小的溶解度，降低 R_f 值，改善分离效果。

在选用滤纸型号时，应结合分离对象加以考虑。对 R_f 值相差很小的化合物，宜采用慢速滤纸；对 R_f 值相差较大的混合物，则可用快速或中速滤纸。在选用厚型或薄型滤纸时，应根据分离分析目的决定。厚纸载量大，供制备或定量用；薄纸供一般定性用。

2. 展开剂的选择

要得到一个满意的纸层析结果，往往与展开剂的选择关系极大。一个理想的溶剂系统必须具备以下条件：①分离物质在溶剂系统中的分配比恒等，最好不随温度而改变，并且容易达到平衡，这样可得圆整的斑点，可不需保持恒温的实验条件。②溶剂系统中每一组分与分离物质之间不起化学反应。③被分离物质在该溶剂系统中 R_f 值在 0.05～0.85 之间，

分离物质间的 R_f 值差最好大于 0.05。

根据待分离物质的不同，要选用合适的展开剂。展开剂应对待分离物质有一定的溶解度，溶解度太大，待分离物质会随展开剂跑到前沿；太小，则会留在原点附近，使分离效果不好。选择展开剂应注意下列几点：

(1) 能溶于水的化合物，以吸附在滤纸上的水作为固定相，以与水能混合的有机溶剂(如醇类)作为展开剂。

(2) 难溶于水的极性化合物，以非水极性溶剂(如甲酰胺、*N*，*N*-二甲基甲酰胺等)作为固定相，以不能与固定相结合的非极性溶剂(如环已烷、苯、四氯化碳、氯仿)作为展开剂。

(3) 对溶于水的非极性化合物，以非极性溶剂(如液体石蜡)作为固定相，极性溶剂(如水、含水乙醇、含水的酸等)作为展开剂。

当一种溶剂不能将样品全部展开时，可选择混合溶剂。常用的混合溶剂有：正丁醇-水，一般用饱和的正丁醇；正丁醇-乙酸-水，可按 4∶1∶5 的比例配制，混合均匀，充分振荡，放置分层后，取出上层溶液作为展开剂。

3. 样品的处理及点样

用于纸层析的样品，应初步提纯。例如氨基酸的测定，样品不应含大量盐类，不应含蛋白质，否则影响分离，R_f 值会发生改变。样品溶液通常配成 0.1%～1%浓度。把样品溶于适当溶剂，最好避免用水，否则斑点容易扩散，且不易挥发除去。一般用乙醇、丙酮、氯仿等。若为液体样品也可直接点样。

样品用量与滤纸性能、厚薄及显色剂的灵敏度有关，通常由几微克到几十微克之间。

可用内径约为 0.5mm 管口平整的毛细管作为点样管，轻轻触于滤纸的起始线上(距纸一端 1.5cm 左右用铅笔划一直线，在线上作一“×”号以示点样位置。各点间距离约 1.5cm)。如样品浓度较稀，可反复点样几次，每点一次可用红外灯及电吹风迅速使其干燥。原点面积越小越好，原点扩散以不超过 2mm 为宜。

4. 展开

按层析纸的形状、大小选用适合的密闭容器。条形滤纸可在大试管或圆形标本缸中展开。先用溶剂蒸汽饱和容器内部，或者浸有展开剂的滤纸条贴在容器内壁上，下端浸入溶剂中，使缸内更快地为展开剂所饱和；也可将点好样的层析纸，预先在溶剂蒸汽饱和的层析缸中放置一定时间，使滤纸为溶剂蒸汽所饱和，然后内浸入溶剂进行展开。

纸层析的展开通常有上行法、下行法和水平径向(圆形)展开法等。

(1) 上行展开法：这是通常采用的方法。让展开剂借毛细管效应向上爬，这种方式设备最简单，常用上行纸层析器具如图 3-19-1 所示。这种方式虽应用广，但速度较慢，适用于 R_f 值相差较大的样品，具体操作：在滤纸一端 2～3cm 处用铅笔划好起点线，然后将要分离的样品溶液用毛细管滴在起点线上，待溶剂挥发后，将滤纸的另一端悬挂在展开槽的玻璃钩上，使滤纸下端与展开剂接触，但应使原点与展开剂距离至少 1cm。由于毛细管作用展开剂沿滤纸条上升，当展开剂前沿接近滤纸上端时，将滤纸取出，记下溶剂前沿位置，晾干，苦被分离物中各组分是有色的，滤纸条上就有各种颜色的斑点显出。计算各化合物的比移值 R_f 值。对于无色混合物的分离，通常将展开后的滤纸晾干或吹干，置于紫外灯下观察是否有荧光。或者根据化合物性质，喷上显色剂，观察斑点位置(见显色部分)。

(2) 下行展开法：对 R_f 值较小的样品，由于展开距离较小，对不同成分的分离效果较差，可用下行展开法，借助于重力使溶剂由毛细管作用向下移行，可使溶剂连续展开，斑点移动距离增大,使不同成分能满意地分开。下行展开法所用仪器如图 3-19-2 所示。顶装分液漏斗,备作添加溶剂用。如用滤纸条展开,溶剂槽可用普通培养皿;如滤纸较宽,溶剂槽可用长方形槽、玻璃船,或普通长方形墨水缸等,滤纸下端剪成锯齿状,以备溶剂下滴。

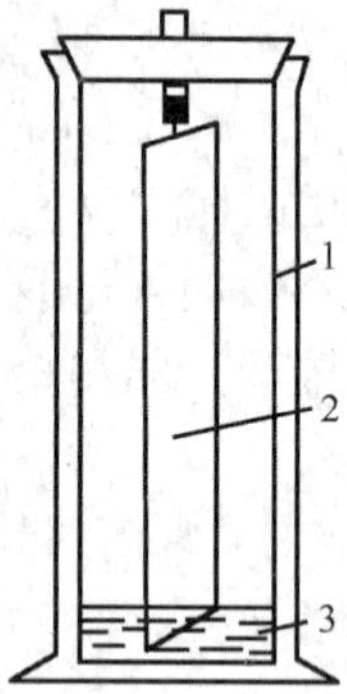

图 3-19-1　上行展开法

1. 层析缸;2. 滤纸;3. 展开剂

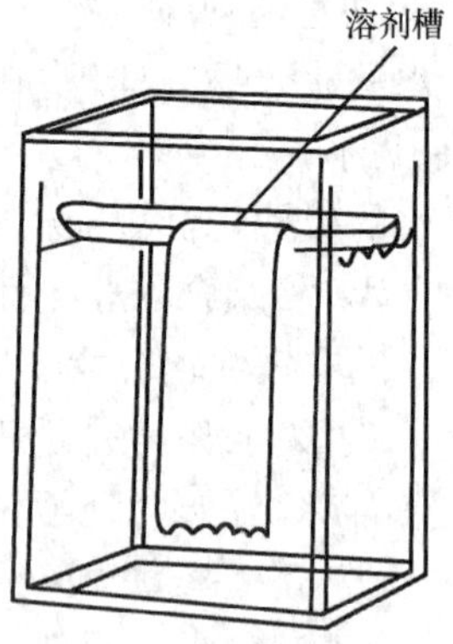

图 3-19-2　下行展开法

(3) 水平径向(圆形)展开法:如图 3-19-3 所示,取一张直径约为 16cm 的圆形滤纸,在直径 4.0cm 处画一同心圆。圆周上等距处点上几个样品点。另取一条滤纸,剪成梳形,卷成一个小毛刷,插在滤纸圆心处。取一直径约 14cm 的培养皿放在 0.8cm 深度的流动相。先将刷子向上,将滤纸盖在培养皿上,上面盖一个同样的培养皿,20 分钟后将滤纸翻转,溶剂沿刷子移向滤纸,开始展开。如样品是氨基酸类,展开剂可用正丁醇∶乙酸∶水为 4∶1∶5 体系,用茚三酮显色后即可见弧形紫色斑点。这种方法操作快捷,环带狭窄且尖锐,比上两种方法分离效果好。

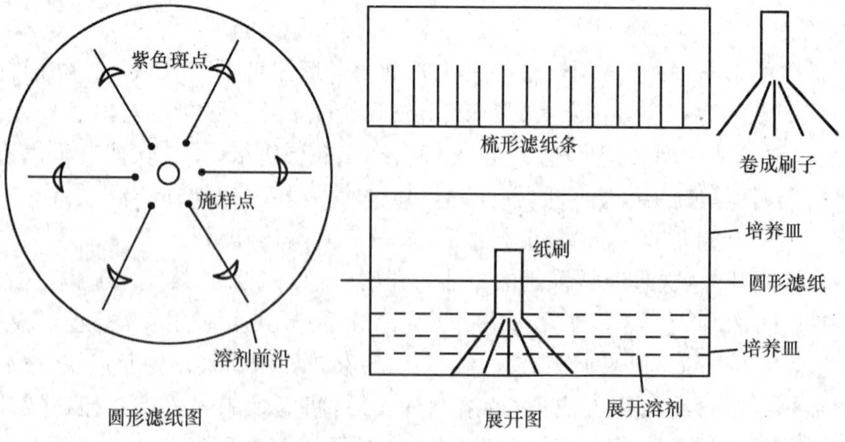

图 3-19-3　水平径向(圆形)展开法

5. 显色与结果处理

当展开剂移动到纸的 3/4 距离时取出滤纸,用铅笔画出溶剂前沿,然后用冷风吹干。通常先在日光下观察,画出有色物质的斑点位置,然后在紫外灯下观察有无荧光斑点,并记录其颜色、位置及强弱,最后利用物质的特性反应喷洒适当的显色剂使斑点显色。按 R_f 值计算公式计算出各斑点的比移值。

【实验仪器与试剂】

1. 仪器

色谱滤纸、毛细管、喷雾器、电吹风、剪刀。

2. 试剂

标准液(1%丙氨酸、1%亮氨酸水溶液),样品液(两种标液的等体积混合液),茚三酮溶液喷剂(0.11%茚三酮乙醇液),展开剂(正丁醇∶冰乙酸∶水=4∶1∶5)于分液漏斗中振摇,静止,分出上、下层并分开放置。

【实验操作】

1. 滤纸的准备

用干净的剪刀剪好一条长10cm、宽约3cm的滤纸,用铅笔在距离一端约1.5cm处轻轻画一条点样线(见图3-19-4),在两个三等分点用铅笔轻轻记下"丙"、"混"字样作为点样原点。在整个过程中,注意不要用手触摸滤纸表面,以免手上汗渍玷污滤纸。

2. 点样

用毛细管吸取丙氨酸样品在滤纸条点样线左侧的"丙"字样点处点样,点样点直径大约在0.2cm左右,晾干,重复点一次。按上述方法,用另外一支新的毛细管吸取氨基酸混合样品在滤纸条上"混"字样点处点样。晾干,重复点一次。

3. 展开

滤纸以点样的一端向下,小心地悬挂于事先盛有1cm高度的展开剂(n-C_4H_9OH∶HAc∶H_2O=4∶1∶5)的层析缸中,纸的边沿不要靠在层析缸壁上,用塞子塞紧层析缸,静置(见图3-19-5)。

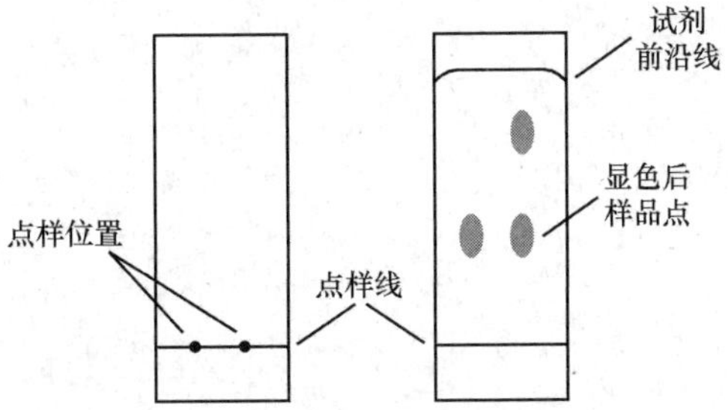

图3-19-4　纸色谱示意图

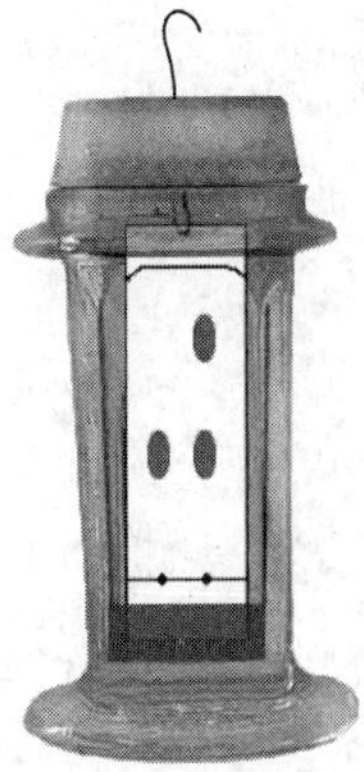

图3-19-5　层析缸

4. 显色与结果处理

当展开剂的前沿位置达到距滤纸上端约2cm处,小心取出滤纸,趁湿用铅笔划出展开剂前沿位置,然后用热风吹干。接着用喷雾器将茚三酮显色剂均匀地喷洒到滤纸上,仔细用热风吹至各斑点显现为止(图3-19-4)。用铅笔勾出斑点轮廓,确定斑点中心,计算各斑点的R_f值,保留两位有效数字。确定出混合氨基酸的组分。

5. 计算R_f值

分别测量点样点中心至每个斑点中心间的a值以及点样点中心到溶剂前沿的距离b,

计算 R_f 值。

【注意事项】

（1）注意同一毛细管只能用于一种物质的点样，不要张冠李戴，不要乱丢，用后随即放回原瓶。

（2）吸样后的毛细管要垂直落在层析纸点样处，样点大小要基本一致，直径应不超过3mm。

（3）样点不能浸在展开剂中。

（4）喷显色剂时，使层析纸润湿即可，切勿流淌，并迅速吹干。

（5）在层析纸制作、点样、显色、吹干及 R_f 值测定等操作过程中，手只能拿在最上端，以防被手沾污。

【思考题】

（1）在滤纸上记录原点位置时，为什么用铅笔而不用钢笔或圆珠笔？

（2）在同一张层析纸上，单独氨基酸的 R_f 值是否相同？与在混合液中该氨基酸的 R_f 值是否相同？为什么？

（3）在层析纸上点的样品斑点过大，会有什么后果？

（4）样品斑点不能浸到展开剂中，为什么？

实验二十　氨基酸的纸上电泳

【实验目的】

(1) 了解电泳的基本原理，学会纸上电泳的操作方法。

(2) 初步掌握用纸上电泳法分离鉴定氨基酸的方法。

(3) 掌握氨基酸的显色方法。

【实验原理】

一定条件下，带电的质点在电场作用下，向着与其所带电荷相反的电极移动，这种现象称为电泳。由于不同种类的物质在一定 pH 缓冲溶液中所带电荷不同，同时其本身分子大小、结构不同，在电场作用下移向电极的速度及方向也不同，因此，一些带电荷的物质在一定电场强度下就可以得到提纯和分离。

目前，所采用的电泳方法，大致可分为三类：显微电泳、自由界面电泳和区带电泳。其中区带电泳应用比较广泛，按其支持物物理性状的不同可分成四大类：①滤纸及其他纤维（如玻璃纤维、醋酸纤维、聚氯乙烯纤维）薄膜电泳。②凝胶电泳（如琼脂、聚丙烯酰胺凝胶、淀粉凝胶电泳）。③粉末电泳（如纤维素粉、淀粉、玻璃粉电泳）。④线丝电泳（如尼龙丝、人造丝电泳）。此为微量电泳方法。区带电泳现已广泛应用于生物化学物质的分析分离以及临床检验等方面。纸上电泳是以纸作为支持物的一种区带电泳方法，其操作简便、设备简单，是目前常用的电泳方法。

氨基酸由于具有可解离的酸性基团和碱性基团（$-COO^-$ 和 $-NH_3^+$），故是一种典型的两性电解质，在一定的 pH 条件下，会发生电离而带电，带电的性质和带电量的多少取决于氨基酸的种类、溶液的 pH 及溶液的离子强度等。当溶液的 pH 等于氨基酸的等电点(pI)时，由于所带正负电荷相等，因此在外加电场中不会发生移动；如果溶液的 pH 小于 pI 时，则氨基酸分子结合一部分 H^+，而带正电荷，在电场中就会向负极移动；如果溶液的 pH 大于 pI 时，氨基酸分子会解离出一部分 H^+ 而带有负电，在电场中作用下向正极移动。对于混合氨基酸，由于各组分所带电荷性质、电荷数量以及分子质量的不同，在同一电场中，各个氨基酸泳动的方向和速度不同，从而达到分离鉴定的目的。

纸上电泳不仅用于分离氨基酸、蛋白质，而且也可用于无机离子、配位化合物、糖类、染料等物质的分离。

一个带电质点在电场中的电泳速度除受本身性质的影响外，还受下列因素的影响：

1. 电场强度（电势梯度）

电场强度是指每厘米支持物的电势差，单位为伏/厘米。它对电泳速度起着重要的作用，电场强度越高，带电质点移动速度越快。根据电场强度的大小，可将电泳分为高压电泳（>50 伏/厘米）、常压电泳（10～50 伏/厘米）和低压电泳（<10 伏/厘米）。

2. 溶液的 pH

溶液的 pH 决定了带电质点的解离程度，也决定了物质所带净电荷的多少，对于氨基酸、蛋白质等两性物质而言，溶液的 pH 离等电点越远，质点所带净电荷越多，电泳速度越快。为了使电泳中支持介质保持稳定的 pH，电泳时必须使用缓冲溶液。

3. 离子强度

离子强度越大，电泳速度越慢。一般常用缓冲溶液的离子强度在 0.02～0.2 之间，如果离子强度太小,缓冲溶液的缓冲容量小,不易维持恒定的 pH。

4. 电渗

在电场中,由于多孔支持物吸附水中的正或负离子使溶液相对带电,在电场作用下,溶液就会向一定方向移动,称为电渗现象。在纸上电泳中,由于纸上吸附 OH^- 带负电荷,而与纸相接触的水溶液带正电荷,液体便向负极移动,移动时可携带颗粒同时移动。所以,电泳时颗粒泳动的表面速度是颗粒本身的泳动速度与由于电渗影响而被携带的移动速度两者的加和。若是颗粒原来向负极移动,则其表观速度将比泳动速度快,若原来向正极移动,则其表观速度将比泳动速度慢。一般应尽量选择纸质均匀、电渗作用小的物质作为支持物。

5. 其他因素

其他因素例如缓冲溶液的黏度。缓冲溶液与带电颗粒的相互作用以及电泳时温度的变化等因素,也都影响泳动速度。

不同物质的电泳速度通常用离子迁移率来表示。其定义为带电质点在单位电场强度下的泳动速度,用公式表示:

$$U=v/E=(d/t)/(V/l)=(dl)/(tV)(\mathrm{cm^3/V\cdot s})$$

式中:U:离子迁移率($\mathrm{cm^2/V\cdot s}$);v:质点的泳动速度(cm/s);E:电场强度(V/cm);d:质点移动的距离(cm);l:支持物的有效长度(cm);V:加在支持物两端的实际电压(V);t:电泳时间(s)。

通过测量 d、l、V、t,便可计算出颗粒的迁移率。

【实验仪器与试剂】

1. 仪器

DYY-6C 型电泳仪、层析滤纸(8cm×20cm)、毛细管(直径约 1mm)、夹子、尺子、铅笔、电吹风、喷雾器。

2. 试剂

0.2%天冬氨酸水溶液、0.2%精氨酸水溶液、天冬氨酸和精氨酸混合液、0.2%茚三酮溶液、巴比妥缓冲液(pH=8.6)。

【电泳仪及其使用】

1. 电泳仪

纸上电泳是在电泳仪中进行的,其装置包括电源装置和电泳槽两大部分。

(1) 电源装置(见图 3-20-1):其内部有稳压整流装置,能提供电泳时所需直流电。通过控制面板能调节电压、电流以及电泳时间等。对常压电泳来说,输出电压在 100～500V,电流在 150mA 以内即合要求。

(2) 电泳槽部分(见图 3-20-2):用透明塑料膜(或用有机玻璃胶)压合而成。中间有隔板隔成两个装缓冲溶液的槽,内装有电极(直径为 0.5mm 左右的铂丝或镍铬合金丝)。槽口上方装有两个支撑板,支持物横跨在两个支撑板上。支持物的两端分别浸入两槽的缓冲溶液中,形成盐桥。通电后,电流只能在支持物上通过,电泳物质即在其上泳动。

2. 电泳仪的使用

(1) 检查仪器是否齐全。

(2) 在电泳槽内加入适量的缓冲液,并使两槽缓冲液在同一水平面上,放置好支撑板,隔板与两边支撑板的宽度应相等。

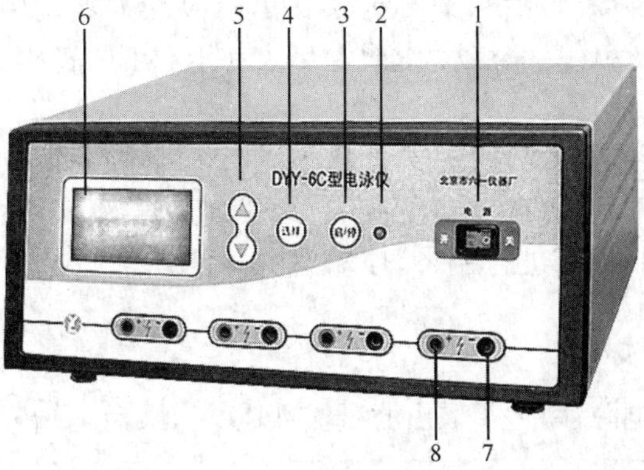

图 3-20-1　DYY-6C 型电泳仪

1. 电源开关;2. 指示灯;3. 启/停按钮;4. 选择按钮;5. 调节按钮;6. 显示屏;7. 负极插口;8. 正极插口

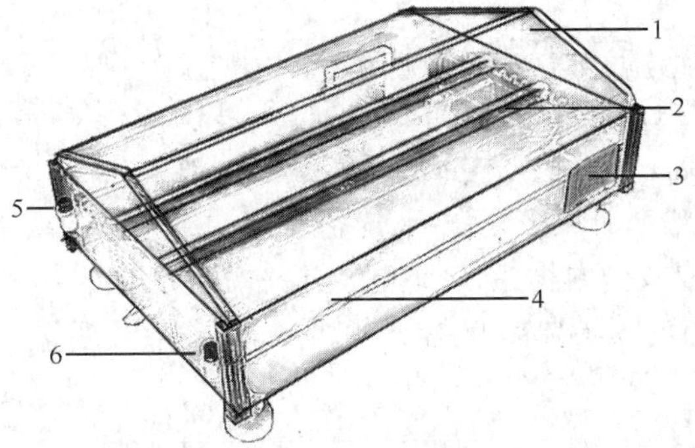

图 3-20-2　电泳槽

1. 电泳槽盖;2. 支架;3. 槽身;4. 缓冲液;5. 正极;6. 负极

(3) 将一对输出线(视同时使用的电泳槽数而定)的一端插入仪器的输出插口内,另一端分别与电泳槽的正、负极相连。

(4) 在控制面板上的开关关闭的状态下,插上电源线插头。

(5) 开启电源开关,见指示灯亮。通过控制面板的“④选择”键以及⑤上下调节按钮,将输出电压、输出功率以及电泳时间调到相应的数值,按“③启/停”键开始电泳。

(6) 电泳完毕后,切断电源开关,拔去电源插头并做好仪器的清洁工作。

【实验操作】

1. 仪器装置

接好电泳槽与电泳仪的连接线,打开开关,通过控制面板调节输出电压为 300V,输出电流为 100mA,电泳时间为 40 分钟。在洁净的电泳槽中加入适量的巴比妥缓冲液,并使两槽的缓冲液处在同一水平面(仪器安装完毕后,开关应关上且拔下插头)。

2. 点样和润湿

用铅笔在滤纸中央轻轻划一横线,并在此横线上等距离处标上 Asp、AA、Arg 三点,并在滤纸的两端分别标记“+”、“-”符号。用 3 支毛细管分别蘸取样品溶液,在上述位置分别点上天冬氨酸、混合氨基酸及精氨酸溶液,晾干后,重复点样一次,样点的直径不超过 3mm。

点样完毕，将滤纸放在电泳槽的支架上，两端浸入缓冲溶液中。当滤纸湿润至距样品点1cm左右处时，用夹子取出，沿水平方向慢慢拉直，使缓冲液向中间样品扩散，直到两侧缓冲液都接触到样品。待样品润湿后，将此滤纸夹在干滤纸中轻压，吸去多余的缓冲液。

3. 电泳

将润湿过的滤纸放在电泳槽的支架上，标有"＋"号的一端应放在正极槽内，"－"号的一端放在负极槽内；样品原点应在隔板正上方，滤纸两端浸入缓冲液中，盖上槽盖，接通电源，通过电泳仪的控制板面进行调节，使输出电压稳定在220V，电流约10mA，电泳30分钟。

4. 显色

电泳完毕，关闭电源，用夹子取出滤纸，热风吹干，然后均匀地喷上茚三酮溶液，再用热风吹干至显色。

记录显色斑点与原点的距离及电压和电泳方向，计算各氨基酸的离子迁移率，判断混合氨基酸的组成。

【注意事项】

(1) 整个实验过程中，手不能碰到滤纸板。

(2) 点样时，应先将毛细管在其他滤纸上点一下，以除去毛细管底端的大滴溶液。

(3) 润湿滤纸时，要注意避免把样品点浸入到缓冲液中。

(4) 如果一个电泳槽同时放多张滤纸，应待所有滤纸全部放妥后，方可通电电泳，以免操作过程中触电；如需取放槽内物品，应将电源开关切断后进行。

(5) 显色时，喷雾器的喷嘴要离开滤纸约15cm，要使喷液成雾状均匀洒在滤纸上，并使滤纸表面潮湿即可。

【思考题】

(1) 你认为决定本次实验成败的因素有哪些？

(2) 已知赖氨酸的pI＝9.74，苯丙氨酸的pI＝5.48，将它们置于pH＝8.9的缓冲溶液中，它们各带何种电荷？电泳时各向哪极移动？

实验二十一 乙酸乙酯的制备

【实验目的】

(1) 了解从有机酸合成酯的一般原理和方法。

(2) 掌握回流和蒸馏的装置和操作。

(3) 熟悉常用液体干燥剂,掌握其使用方法。

【实验原理】

乙酸与乙醇在硫酸的催化作用下,加热可得到乙酸乙酯:

$$CH_3COOH + CH_3CH_2OH \underset{110\sim120℃}{\overset{H_2SO_4}{\rightleftharpoons}} CH_3COOC_2H_5 + H_2O$$

酯化反应为可逆反应,为了提高酯的产率,可以采取增加反应物之一的用量或不断的蒸出产物,使反应平衡向右进行。本实验采取加入过量的乙醇来提高酯的产率。

最初蒸出的粗制品中常夹杂有少量未反应的乙酸、乙醇;反应温度较高时还将夹杂有乙醚、亚硫酸等。通过中和、水洗、饱和氯化钙溶液洗涤除去杂质,再经干燥剂除去水分,蒸馏后得到较纯的乙酸乙酯。

【实验仪器与试剂】

1. 仪器

圆底烧瓶(50ml)、球形冷凝管、直形冷凝管、接液管、锥形瓶、分液漏斗、量筒、电热板、温度计和温度计套管。

2. 试剂

饱和碳酸钠溶液、饱和食盐水、饱和氯化钙、无水硫酸镁、冰乙酸、乙醇、浓硫酸。

【实验操作】

1. 乙酸乙酯的制备

在 50ml 圆底烧瓶中加入 9.5ml(约 0.2mol)无水乙醇和 6ml(0.10mol)冰乙酸,边摇边慢慢、小心地滴加 2.5ml 浓硫酸,混合均匀后,加入沸石,装好回流装置,如图 3-21-1 所示。

小心加热反应瓶,保持缓慢回流 30 分钟,待瓶内反应体系稍冷却后,取下球形冷凝管,改成常压蒸馏装置,重新投入沸石加热蒸馏,蒸出生成的乙酸乙酯。装置如图 3-21-2 所示,馏出液体积约为反应物总体积的 2/3。

2. 精制

将馏出液转移到分液漏斗中,慢慢加入饱和 Na_2CO_3 溶液,充分振荡,直至不再有 CO_2 气体产生,静置分层,分去下层水溶液;有机层依次分别用 5ml 饱和食盐水、5ml 饱和氯化钙溶液、蒸馏水各洗一次;再将有机层倒入一干燥的锥形瓶中,用 2g 无水硫酸镁干燥,充分振摇至液体透明;最后将干燥后的有机层进行常压蒸馏,收集 73~78℃馏分,产率约 4.2g。

纯的乙酸乙酯为无色而有香味的液体,沸点为 77.06℃,密度为 0.9003g/ml,折光率为 1.3723。

【注意事项】

(1) 加入浓硫酸时,要缓慢滴加,并不断振摇烧瓶,使混合体系产生的热迅速散去。

(2) 加热回流过程中,温度不宜过高,避免发生负反应而降低产率。

(3) 用碳酸钠溶液洗去酸性杂质时,混合液充分振荡后,要及时放出二氧化碳,以免漏斗中的压力太大。

（4）要先用饱和食盐水洗去混合液中残留的 Na_2CO_3，之后再用 $CaCl_2$ 洗。

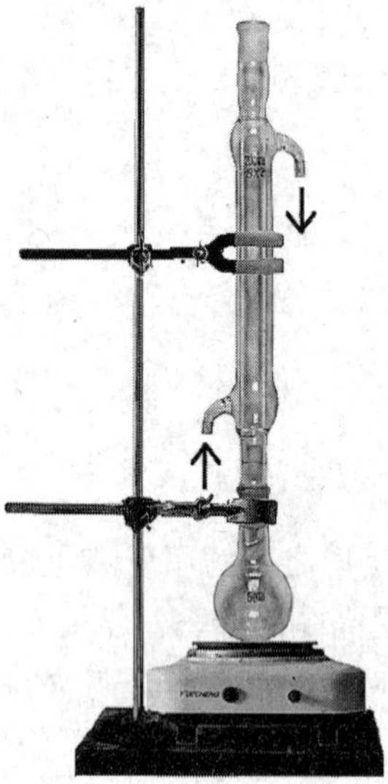

图 3-21-1　回流装置

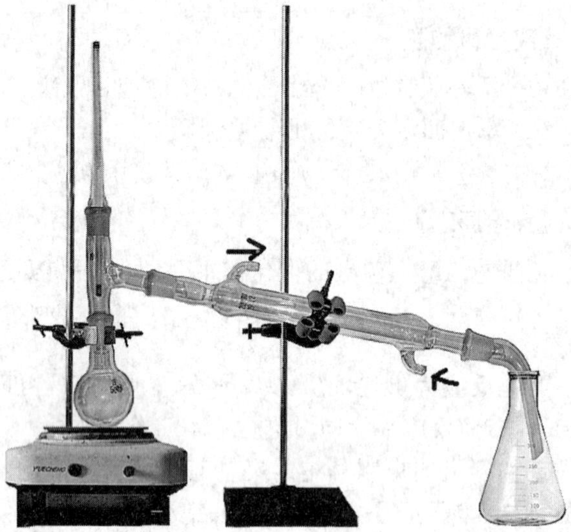

图 3-21-2　蒸馏装置

【思考题】

（1）酯化反应有什么特点？实验中如何创造条件促使酯化反应尽量向生成物方向进行？

（2）本实验使用过量的乙醇，而不是过量的乙酸，为什么？

（3）滴加浓硫酸时，为何要缓慢、小心滴入？

（4）蒸出的粗乙酸乙酯中主要有哪些杂质？如何除去？

（5）在用 $CaCl_2$ 洗之前为什么要先用 NaCl 洗涤有机层？

实验二十二　乙酰水杨酸的制备

【目的要求】

(1) 通过乙酰水杨酸制备，初步了解有机合成中酰基化反应的原理及操作方法。

(2) 进一步熟悉减压过滤、重结晶操作技术。

(3) 了解酰化反应的应用领域。

【基本原理】

乙酰水杨酸，通常称为阿司匹林(aspirin)，是由水杨酸(邻羟基苯甲酸)通过与乙酸酐发生酰基化反应而合成的。早在十八世纪，人们已从柳树皮中提取了水杨酸，用作止痛、退热抗炎药，但水杨酸严重刺激口腔，对肠胃刺激作用较大。后来，人们在水杨酸中引进了乙酰基，合成了可以代替水杨酸的有效药物——乙酰水杨酸，目前，阿司匹林仍然是一个广泛使用的具有解热止痛作用、用于治疗感冒的药物。

水杨酸是一个具有酚羟基(—OH)和羧基(—COOH)双官能团的化合物，能进行两种不同的酯化反应。在强酸催化下，若水杨酸与乙酸酐发生反应，则可得到乙酰水杨酸。反应式如下：

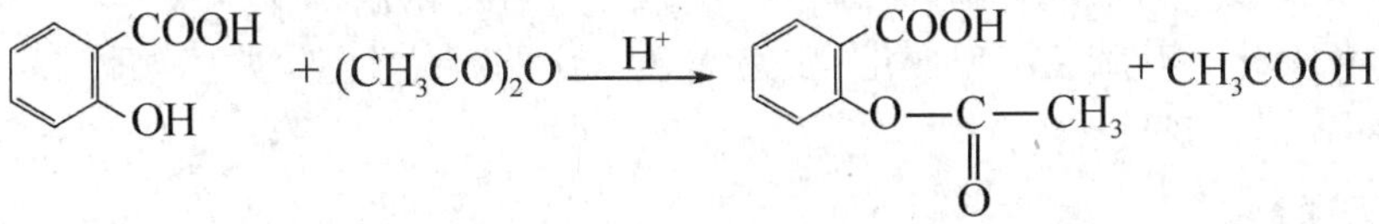

从反应的结果看，水杨酸分子中引进了一个乙酰基。这种在有机分子中引入酰基的反应称为酰基化反应。若引入的为乙酰基，则称为乙酰化反应。常用的乙酰化试剂有乙酰氯、乙酐、冰乙酸。本实验选用经济合理而反应较快的乙酸酐作为酰化剂。

在生成乙酰水杨酸的同时，水杨酸分子之间也可以发生缩合反应，生成少量的聚合物：

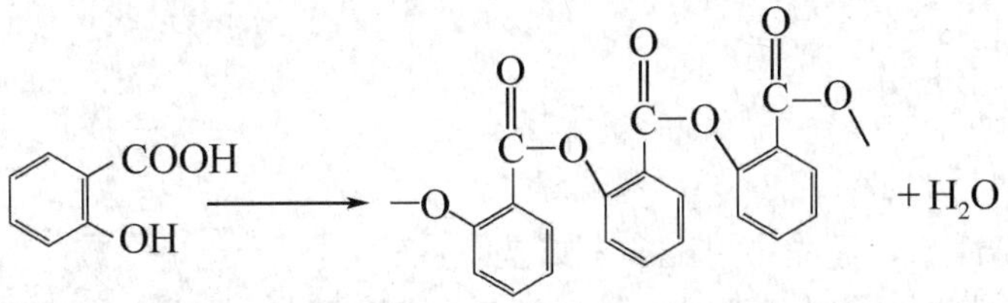

此外，粗产品中还可能存在没有参加反应的水杨酸等杂质，这是由于乙酰化反应不完全或由于在分离步骤中发生水解造成的。这些副产物或杂质可以在各步纯化过程中和产物的重结晶过程中被除去。

由于水杨酸分子中存在着烯醇式结构，可与 $FeCl_3$ 发生显色反应，而乙酰水杨酸因酚羟基已被酰化，不与三氯化铁显色，根据这一性质，我们利用 $FeCl_3$ 溶液很容易将产品中残余的水杨酸检验出来。

【实验仪器与试剂】

1. 仪器

水浴锅、布氏漏斗、抽滤瓶、真空泵、滤纸、烧杯、冰、台称、量筒等。

2. 试剂

水杨酸、乙酐、浓 H_2SO_4、95%乙醇溶液、1%$FeCl_3$。

【实验操作】

1. 乙酰水杨酸的制备

在 125ml 干燥的锥形瓶中加入 2g(约 0.015mol)水杨酸和 5ml 乙酸酐，再用滴管缓慢、小心滴入 5 滴浓硫酸，摇匀。待水杨酸全部溶解后，在水浴中加热，控制水浴温度在 70～85℃，并不时摇动锥形瓶。约加热 20 分钟后，取出锥形瓶，将溶液转移到小烧杯中，用冰浴冷却，并不断用玻璃棒磨擦烧杯内壁。待晶体完全析出后用布氏漏斗抽滤，用少量冰水(约 5ml)洗涤晶体二次，抽干，取出晶体。按实验步骤 3 的检测方法，检测产品纯度。

2. 精制

将粗产品转入 150ml 锥形瓶中，加入 5ml 95%乙醇溶液，置水浴中加热至粗产品溶解，必要时可趁热过滤，除去不溶性杂质。稍冷后，将溶液置于冰浴中冷却，并用玻璃棒磨擦锥形瓶内壁，当有晶体出现时，加入 25ml 冷水，继续冰浴冷却 5 分钟。待结晶完全后，再次真空抽滤，用少量冰水(约 5ml)洗涤晶体两次，抽滤至干。最后，将产品转入表面皿中，干燥、称重、计算产率。

3. 产品纯度的检验

取少许水杨酸样品与试管中，加 10 滴 95%乙醇溶液，溶解后滴入 1～2 滴 1%$FeCl_3$溶液。观察颜色变化。若颜色出现变化(红-蓝紫色)，说明产品不纯，需再次重结晶；若无颜色变化，则说明产品比较纯。

【注意事项】

(1) 按要求的顺序加样。如果先加水杨酸和浓硫酸，水杨酸就会被氧化。

(2) 结晶过程中，用玻璃棒充分磨擦器皿壁，可加快结晶速度。

(3) 用水洗涤样品时，要用少量冷水洗涤，用水不能太多。

(4) 计算产率时，应以水杨酸为标准。

【思考题】

(1) 酰化反应时，反应容器是否需要干燥？

(2) 重结晶的目的是什么？

(3) 第一步结晶的粗产品中可能含有哪些杂质？

(4) 当结晶困难时，可用玻璃棒在器皿壁上充分磨擦，即可析出晶体。试述其原理。除此之外，还有什么方法可以让其快速结晶？

(5) 为了保证产率，实验中应注意哪些问题？

实验二十三　乙酰苯胺的制备

【实验目的】

(1) 了解苯胺乙酰化的基本原理和方法。

(2) 进一步巩固重结晶的实验操作技能。

【实验原理】

有机合成中,将有机化合物分子中引入酰基(RCO-)的反应称为酰基化反应。乙酰苯胺可以通过苯胺与酰基化试剂如乙酰氯、乙酸酐或冰乙酸作用来制备。本实验采用乙酸酐作为酰基化试剂。反应式为:

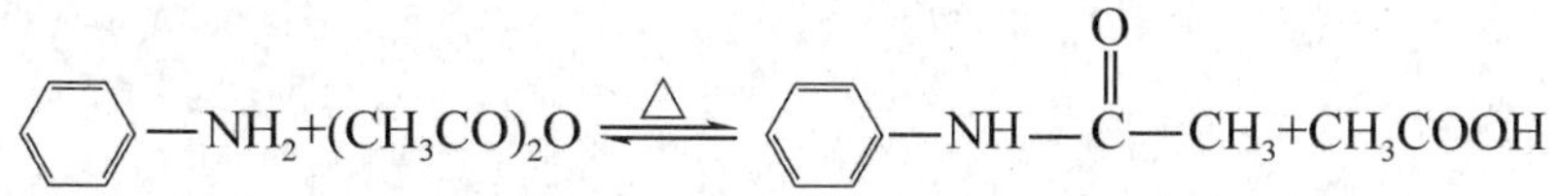

因为芳香伯胺的氨基较活泼,在有机合成中,常把它乙酰化,再进行其他反应,最后水解除去乙酰基,所以在有机合成中常用乙酰化反应来保护伯胺和仲胺。

【实验仪器与试剂】

1. 仪器

电热套、圆底烧瓶(50ml)、球形冷凝管、布氏漏斗、吸滤瓶、真空泵、烧杯(50 及 150ml)、玻璃棒、表面皿。

2. 试剂

苯胺、乙酸酐、乙酸钠、浓盐酸、锌粉、活性炭。

【实验操作】

1. 乙酰苯胺的制备

在 50ml 圆底烧瓶中加入新蒸馏过的苯胺 3ml(3.1g,0.033mol)、乙酸酐 5ml(5.3g,0.05mol)和少量锌粉(约 0.01g),装上球形冷凝管,缓慢加热反应瓶,低温加热回流 30 分钟。趁热将反应物倒入盛有 100 ml 冷水的烧杯中冷却至室温,待乙酰苯胺晶体完全析出后,用布氏漏斗真空抽滤,再以 10 ml 冰水洗涤,以除去残留的酸液,抽干,得到粗乙酰苯胺。

2. 乙酰苯胺的精制

将粗乙酰苯胺转移到 250ml 烧杯中,加入 80ml 水,加热煮沸至全溶。稍冷后,加入一药匙(约 0.5g)活性炭,重新加热,使溶液继续沸腾 5 分钟左右。然后趁热将混合液倒入装有三层滤纸的布氏漏斗中,真空抽滤。将滤液迅速转移到小烧杯中,并置于冰水浴中冷却。当晶体完全析出后,转移到布氏漏斗中进行减压抽滤,并用 5ml 蒸馏水洗涤滤饼两次,抽干。将晶体转移到已称重的表面皿中,干燥后计算产率。纯净的乙酰苯胺为无色片状晶体。

【注意事项】

(1) 苯胺极易氧化,使用前须重新整流以除去其中的杂质,否则将影响产品的产率和质量。

(2) 压蒸馏(又称真空抽滤或抽滤):剪好的滤纸平铺在漏斗底板上,先用少量溶剂润湿,然后开动抽气泵,使滤纸紧贴在漏斗上,然后倒入待过滤的混合物,一直抽气至无液体滤出为止。

(3) 活性炭脱色:活性炭用量的多少视反应液颜色而定,不必准确称量,通常加半牛角匀即可;特别注意不可在溶液沸腾时加活性炭,以防暴沸。

(4) 热过滤后,要尽快地将滤液转移到小烧杯中,避免结晶在抽滤瓶中大量析出而造成损失。

【思考题】

(1) 本实验采取哪些措施来提高乙酰苯胺的产率?

(2) 为什么以苯胺为原料进行苯环上的一些取代反应时,要先进行酰基化?

(3) 重结晶时,应注意哪几点才能得到产率高、质量好的乙酰苯胺?

第四章　创新性实验

实验二十四　从黄连中提取小檗碱(黄连素)

【实验目的】

(1) 了解黄连素的结构、性质及其提取的原理。

(2) 掌握从黄连中提取黄连素的方法。

【实验原理】

黄连为多年生草本植物,为我国名产药材之一。黄连的根茎中含有多种生物碱,主要有效成分为黄连素(俗称小檗碱 berberine),还含有甲基黄连碱、棕榈碱、非洲防己碱等。随野生和栽培及产地不同,黄连中黄连素的含量约在4%～10%。其他如黄柏、伏牛花、白屈菜、南天竹等植物均可作为提取黄连素的原料,但以黄柏与黄连含量最高。

黄连素是一种具有多种功效的常用中药,临床上是一种抗菌消炎药,对急性结膜炎、口疮、急性细菌性痢疾、急性胃肠炎等均有很好的疗效,并有降低血清胆固醇的作用。近期研究发现,黄连素还具有降血糖、抗心律失常的功效。

黄连素为黄色针状晶体,熔点为145℃,微溶于水和乙醇,较易溶于热水和热乙醇,难溶于乙醚、苯。溶于热水时,其水溶液具有黄绿色荧光。黄连素的结构以较稳定的季铵碱为主,其结构式为:

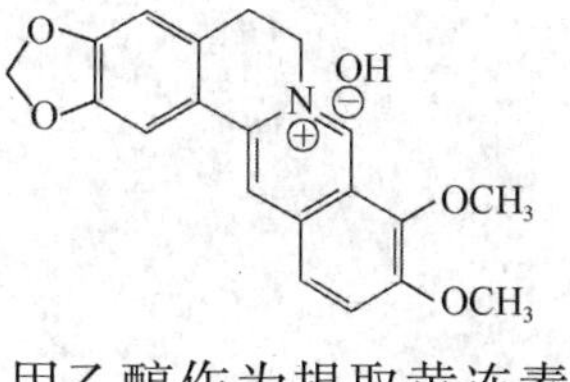

由于黄连素可溶于乙醇,所以用乙醇作为提取黄连素的溶剂。然后加入盐酸,使其成为盐酸盐形式呈晶体析出。黄连素盐酸盐难溶于水,但易溶于热水。本实验就是利用这些性质来提取黄连素的。

【实验仪器与试剂】

1. 仪器

台秤、索氏提取器(125ml)、圆底烧瓶(150ml)、直型冷凝管、蒸馏头、尾接管、电炉、布氏漏斗、抽滤瓶、水泵、滤纸、滤纸筒、150℃温度计、蒸发皿。

2. 试剂

黄连(磨成粉末状)、乙醇溶液(95%)、浓盐酸、乙酸溶液(1%)、冰块、丙酮。

【实验操作】

1. 黄连素的加热提取

称取10g中药黄连粉末,用滤纸包好[1]放入索氏提取器中。在烧瓶中加入80ml 95%

的乙醇溶液和几粒沸石，装好索氏提取器，接通冷凝水，加热，连续提取 1～1.5 小时后，待冷凝液刚刚虹吸下去时，立即停止加热，冷却。

2. 浓缩提取液

装好蒸馏装置，在水泵减压下蒸出大部分乙醇（回收）[2]，直到残留物呈棕红色糖浆状。

3. 析出黄连素盐酸盐

向糖浆中加入 1%乙酸溶液约 30～40ml，加热使其溶解，趁热抽滤，除去不溶物。然后于溶液中滴加浓盐酸，直至溶液混浊为止（约需 10ml）。置于冰浴中冷却，即有黄色针状黄连素盐酸盐晶体析出。减压抽滤，晶体用冰水洗涤两次，再用丙酮洗涤一次，以加快干燥速度，尽量抽干溶剂，烘干[3]，即得黄连素盐酸盐粗品[4]，称重并计算产率。

【注释】

[1] 滤纸筒既要紧贴器壁，又要能方便取放。被提取物的高度不能超过虹吸管，否则被提取物不能被溶剂充分浸泡，影响提取效果。被提取物也不能漏出滤纸筒，以免堵塞虹吸管。

[2] 也可用旋转蒸发器进行减压蒸馏，除去并回收乙醇。

[3] 烘干温度不宜太高，否则产品颜色加深，变为棕色。

[4] 如果晶形不好，可用水重结晶一次。

【思考题】

(1) 黄连素的提取方法是根据黄连素的什么性质来设计的？

(2) 提取黄连素时有哪些因素影响其提取效果？

实验二十五 安息香的合成

【实验目的】

(1) 掌握在维生素 B_1(thiamine)的催化作用下，苯甲醛发生缩合反应生成安息香的原理和方法。

(2) 熟悉回流、重结晶等操作。

【实验原理】

在氰化钠(钾)作用下，芳香醛分子间发生缩合生成二苯乙醇酮(安息香)的反应，称为安息香缩合，最典型的是苯甲醛的缩合反应。

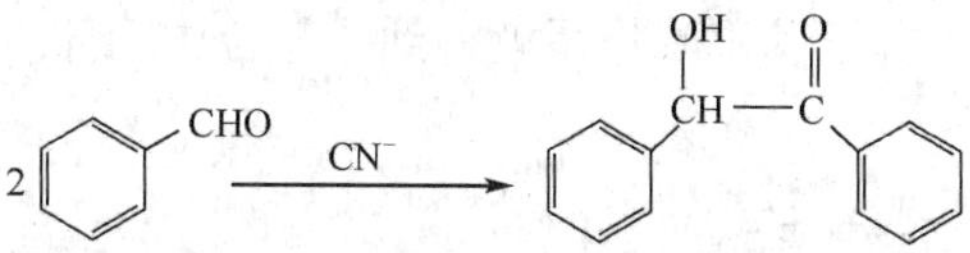

反应机制类似于羟醛缩合，也是碳负离子对羰基的亲核加成反应，通常氰化钠(钾)作为催化剂。反应过程如下：

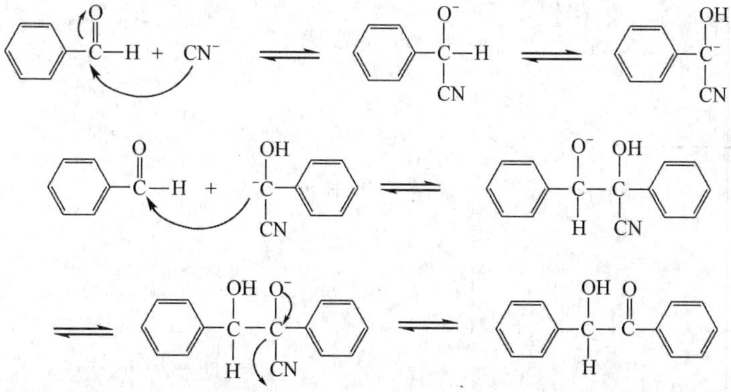

由于氰化物是剧毒品，使用不当会有危险，因此本实验用维生素 B_1 盐酸盐代替氰化物催化安息香缩合反应，反应条件温和、无毒、收率较高。

维生素 B_1(VB_1)的化学名称是硫胺素或噻胺，其结构式为：

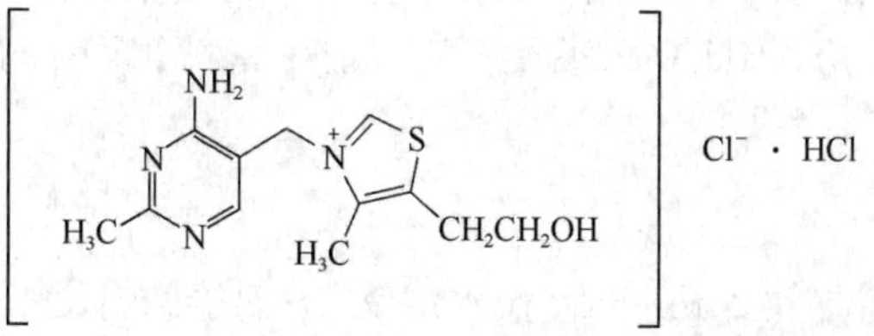

在反应中，VB_1 的噻唑环上的氮原子和硫原子邻位的氢，在碱作用下被夺走，生成碳负离子，形成反应中心，其机制如下。

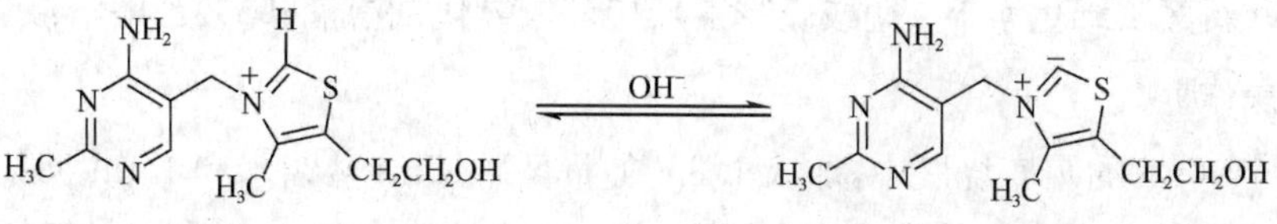

VB_1 Ylid

首先，在碱作用下形成碳负离子，该碳负离子和邻位氮正离子形成一个稳定的邻位两性离子叶利德（Ylid）。

VB_1分子中最重要的部分是噻唑环，噻唑环C2位上的氢原子由于受到氮原子和硫原子的影响，具有明显的酸性，在碱的作用下，质子容易被除去，产生的负碳离子作为活性中心。

其次，Ylid与苯甲醛反应，噻唑环上碳负离子与苯甲醛的羰基作用形成烯醇加合物，环上的氮原子起到调节电荷的作用。

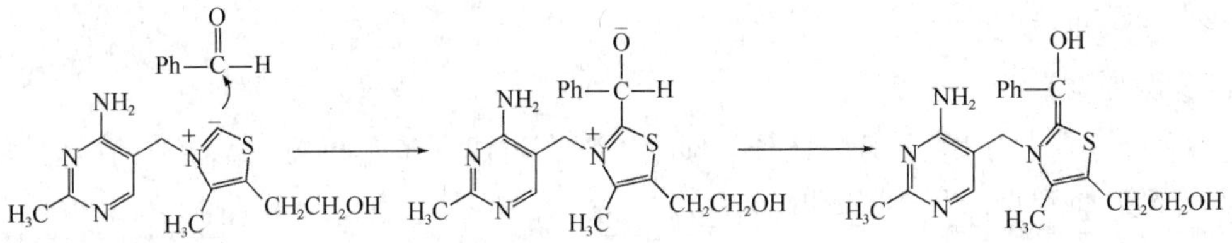

然后，该烯醇再与另一分子苯甲醛作用就得到了缩合中间体，最后经水解得到产物。

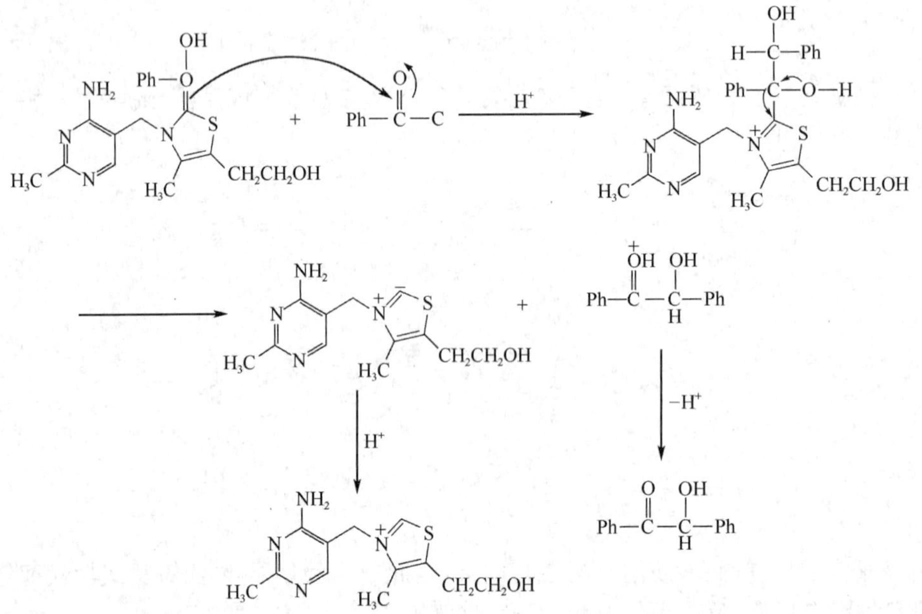

二芳基乙醇酮（安息香）可以被氧化成α-二酮，也可以在各种条件下被还原而生成二醇、烯、酮等各种类型的还原产物。同时，二芳基乙醇酮是双官能团化合物，既有羟基又有羰基，能发生许多化学反应，因此安息香在有机合成中常被用做中间体。

【实验仪器与试剂】

1. 仪器

圆底烧瓶（100ml）、试管（20ml）、滴管、水浴锅、玻璃棒、布氏漏斗、抽滤瓶、活性炭、真空泵、滤纸。

2. 试剂

苯甲醛（新蒸）、维生素B_1（盐酸硫胺素）、10％氢氧化钠溶液、95％乙醇溶液、蒸馏水。

【实验操作】

在一个100ml的圆底烧瓶中，加入1.8g维生素B_1、5ml蒸馏水和15ml 95％乙醇溶液，用塞子塞上瓶口，置于冰盐浴中冷却，备用。于20ml试管中加入5ml 10％氢氧化钠溶液，置于冰盐浴中冷却。冷却15分钟，务必使之充分冷冻。

在冰盐浴条件下，将上述冷却的氢氧化钠(约－5℃)溶液在10分钟内滴加至备用的维生素B_1溶液中，并不断搅拌，调节pH为9～10，此时溶液呈黄色。去掉冰盐浴，加10ml新蒸的苯甲醛，充分搅拌使之混合均匀。然后，在圆底烧瓶上安装回流冷凝管，加几粒沸石，在水浴中慢慢加热使之反应，水浴温度控制在60～75℃之间，勿使反应物剧烈沸腾。反应约90分钟，当反应混合物呈橘黄或橘红色时，撤去水浴，使反应混合物自然冷却至室温，此时有浅黄色针状安息香晶体析出，再将圆底烧瓶放到冰浴中冷却，令其结晶完全。如果反应混合物中出现油层，重新加热使其变成均相，再慢慢冷却，重新结晶。如有必要可用玻璃棒磨擦圆底烧瓶内壁，促使其结晶。结晶完全后减压抽虑，收集粗产品，用少量冷水分两次洗涤结晶。称重，计算收率。

粗产品可用95%乙醇溶液进行重结晶，如产物呈黄色，可加少量活性炭脱色。安息香醇产品为白色针状晶体，熔点为134～136℃。

【注意事项】

(1) 维生素B_1在酸性条件下是稳定的，但易吸水，在水溶液中易被空气氧化失效。遇光和Cu、Fe、Mn等金属离子均可加速氧化。在氢氧化钠溶液中噻唑环易开环失效。因此，维生素B_1溶液和氢氧化钠溶液在反应前必须用冰水充分冷却；否则，维生素B_1在高温、碱性条件下会分解，这是本实验成败的关键。

(2) 反应过程中，溶液在开始时不必沸腾，反应后期可以适当升高温度至缓慢沸腾(80～90℃)。

(3) 反应完成后，混合物自然冷却至室温时，如果没有晶体析出，可加入少量晶种令结晶产生。

(4) 苯甲醛中不能含有苯甲酸，用前最好经过5%碳酸氢钠溶液洗涤，然后减压蒸馏，并避光保存。

【思考题】

(1) 本实验中，为什么加入苯甲醛前需要在冰盐浴中冷却？

(2) VB_1在本实验中起什么作用？

实验二十六　外消旋苦杏仁酸的制备及拆分

【实验目的】

(1) 熟悉用相转移催化合成苦杏仁酸原理和技术。

(2) 掌握外消旋苦杏仁酸的制备和拆分原理。

(3) 熟悉苦杏仁酸的拆分方法。

【实验原理】

苦杏仁酸(mandelic acid)学名(±)-苯乙醇酸,俗名扁桃酸,是重要的医药中间体,可用于合成扁桃酸酯、扁桃酸乌洛托品及阿托品类等解痛药,也可作为测定铜和锆的试剂。

1. 苦杏仁酸的制备

本实验利用相转移催化反应制备苦杏仁酸。将苯甲醛、氯仿和氢氧化钠置于同一反应器中,利用氯化苄基三乙基铵(TEBA)作为相转移催化剂,通过卡宾加成反应制备苦杏仁酸,反应历程如下:

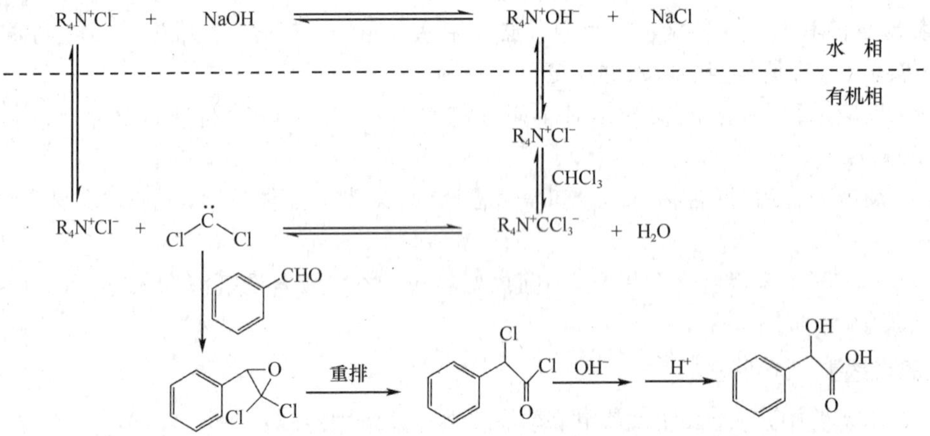

此方法合成的苦杏仁酸为外消旋体,即等量的左旋体和右旋体的混合物。

2. 苦杏仁酸的拆分

因为外消旋体具有相同的物理性质,仅仅旋光方向相反,所以采用结晶、蒸馏或色谱法等常规物理方法无法对其进行分离。而非对映异体在溶解度、沸点以及色谱吸附特性等物理性质方面明显不同,因此可以采用结晶、蒸馏或色谱法等常规物理方法对其进行分离。故外消旋体的经典拆分方法就是先将一对对映体转变成一对非对映体,然后利用非对映体溶解度的不同将其分离,最后将分开的非对映体在恢复到原来的对映体。

本实验正是利用外消旋的苦杏仁酸与天然的(一)-麻黄碱形成的非对映异构体的物理性质(如:溶解度)差异对其进行分离的。(±)-苦杏仁酸属于酸性外消旋体,天然的(一)-麻黄碱碱性旋光体作为拆分剂,(±)-苦杏仁酸与天然的(一)-麻黄碱反应形成一对非对映异构体的盐,二者在无水乙醇中溶解度有较大差异,采用结晶法可将这对非对映异构体的盐分离,然后再用酸处理已分离的非对映异构体盐,苦杏仁酸重新析出,得到光学活性的苦杏仁酸。其实验操作流程如图 4-26-1:

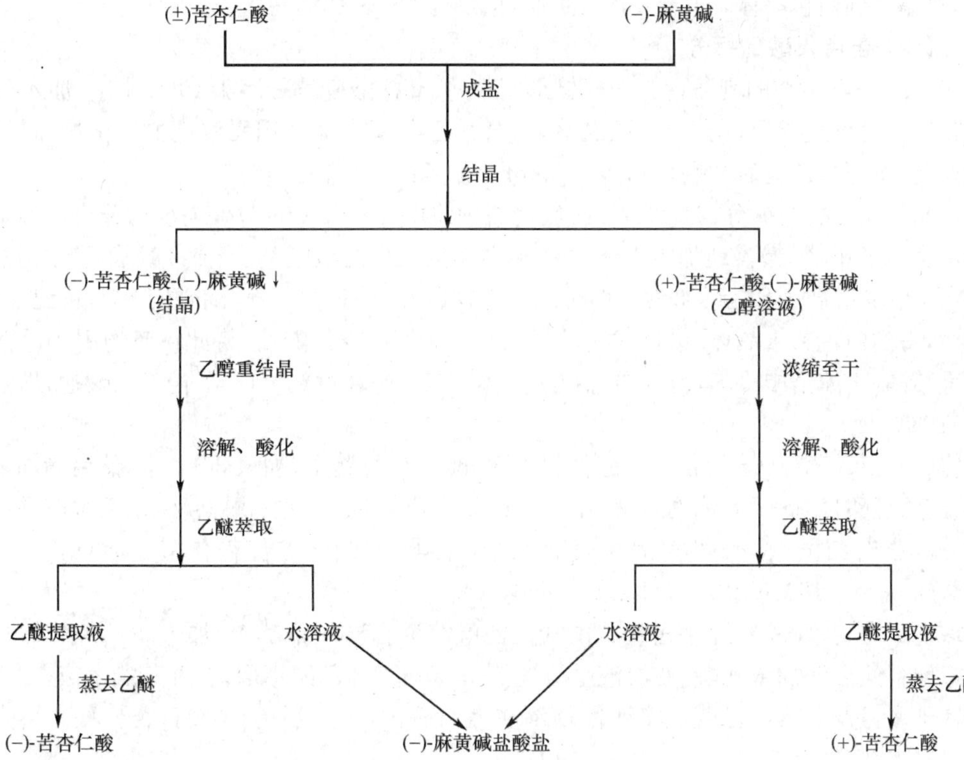

图 4-26-1　实验操作流程图

【实验仪器与试剂】

1. 仪器

四口烧瓶(250ml)、搅拌器、冷凝管、滴液漏斗、温度计、烧杯、布氏漏斗、抽滤瓶、水泵、滤纸、分液漏斗、旋光仪。

2. 试剂

苄氯、三乙胺、苯、苯甲醛、氯仿、氢氧化钠、乙醚、硫酸、无水硫酸镁、盐酸麻黄碱、乙醇、无水乙醇。

【实验操作】

1. 苦杏仁酸的制备

在装有搅拌器、温度计、回流冷凝管和滴液漏斗的 250ml 四口烧瓶中，依次加入 5.0ml 的苯甲醛、0.5g 三乙基苄基氯化铵(TEBA)[1] 和 8.0ml 氯仿，水浴加热并搅拌[2]，当温度到达 55～56℃时，开始缓慢滴加用 18.75g 氢氧化钠溶于 65ml 水配制而成的溶液，滴加过程始终维持反应液的温度在 60～65℃之间，但不能高于 70℃，滴加时间约 30 分钟。滴完后继续在 65～70℃之间维持搅拌反应 1h，监测反应液的 pH，当反应液 pH 接近 7 时停止反应。

加入 100ml 水将反应物稀释，转移至 250ml 分液漏斗中，然后用 20ml×2 乙醚萃取，合并乙醚层并用无水硫酸镁干燥；水层用 50%硫酸小心酸化至 pH 为 2～3，然后用 20ml×2 乙醚萃取酸化液，分出乙醚层并用无水硫酸镁干燥，过滤，蒸出乙醚，得到油状物。

将上述产物置于 50ml 烧瓶中，加入适量甲苯，加热至完全溶解，趁热过滤，静置，析出晶体,过滤得到白色晶体,即(±)-苦杏仁酸,熔点为120～122℃。

2. (±)-苦杏仁酸的拆分

(1)(一)-麻黄碱的制备:在25ml锥形瓶中将7g盐酸麻黄碱溶于10ml水中,加入0.8g氢氧化钠。充分搅拌后,用10ml乙醚萃取,合并乙醚萃取液并用无水硫酸镁干燥,过滤除去干燥剂,将蒸去乙醚后的剩余物溶于30ml无水乙醇中,备用。

(2)苦杏仁酸的拆分:在100ml圆底烧瓶中将3g(0.0197mol)外消旋的苦杏仁酸溶解于4ml无水乙醇中,慢慢地加入上述(一)-麻黄碱的乙醇溶液,装上回流冷凝管,用水浴加热至70℃,并在此温度下继续加热2小时。反应物冷却至室温后,于水浴中冷却,析出晶体。抽滤后,得到白色粉末晶体[保存滤液,用于拆分(+)-苦杏仁酸]。将此粗产物用4ml无水乙醇重结晶,于冰浴中冷却,得到白色粒状晶体,即(一)-麻黄碱·(一)-苦杏仁酸盐,熔点为166～168℃。

将(一)-麻黄碱·(一)-苦杏仁酸盐放入50ml三口烧瓶中,加入30ml水,然后滴加浓盐酸,使溶液呈酸性,此时固体物溶解,用10ml×2乙醚萃取,合并乙醚溶液,用无水硫酸镁干燥,过滤,蒸出乙醚,将残留物倒在表面皿中,干燥后得(一)-苦杏仁酸。熔点为126～128℃,$[\alpha]_D^{23}=-153(c=2.50, H_2O)$。

取含(一)-麻黄碱·(+)-苦杏仁酸盐的乙醇溶液在减压下蒸干,加入20ml水,尽量使固体溶解。然后滴加浓盐酸,使溶液呈酸性。用30ml×3乙醚萃取,合并乙醚溶液,用无水硫酸镁干燥,过滤,蒸去乙醚。将残留物倒在表面皿中,干燥后得(+)-苦杏仁酸。熔点为120～124℃,$[\alpha]_D^{23}=+154(c=2.80, H_2O)$。

【注释】

[1] TEBA的制备:在25ml圆底烧瓶中,分别加入3.0ml苄氯、3.5ml三乙胺、6.0ml苯、几粒沸石,加热回流1.5小时后,冷却至室温,有TEBA晶体析出,减压过滤,将晶体放置在装有氯化钙和石蜡的干燥器中,备用。

[2] 此反应是两相反应,剧烈搅拌反应混合物,有利于加速反应。

【思考题】

(1) TEBA季铵盐为相转移催化剂的催化反应机制是什么?若不加TEBA,反应是否能顺利进行?

(2) 对映异构体之间,非对映异构之间在物理性质上的区别是什么?

(3) 为什么催化反应结束后要加水稀释?乙醚萃取的目的是什么?

参考文献

北京大学化学学院有机化学研究所编.2002.有机化学实验.第2版.北京:北京大学出版社

陈东红主编.2003.医学化学实验.武汉:湖北科学技术出版社

傅春玲,陈时忠主编.2000.有机化学实验.杭州:浙江大学出版社

谷亨杰主编.2010.有机化学实验.北京:高等教育出版社

关鲁雄主编.2002.化学基本操作与物质制备实验.长沙:中南大学出版社

关烨第,李翠娟,葛树丰主编.2002.有机化学实验.第2版.北京:北京大学出版社

郭书好主编.2006.有机化学实验.武汉:华中科技大学出版社

黄涛,张治民主编.1996.有机化学实验.北京:高等教育出版社

冀春茹,王浴铭主编.1986.中药化学实验技术与实验.郑州:河南科学技术出版社

姜慧君,孙晓如主编.2004.有机化学实验.南京:东南大学出版社

李莉主编.2008.有机化学实验.北京:石油工业出版社

李明,李国强,杨丰科主编.2010.基础有机化学实验.北京:化学工业出版社

廖蓉苏,丁来欣主编.2004.有机化学实验.北京:中国林业出版社

唐玉梅,刘芸主编.2001.有机化学实验.西安:西安交通大学出版社

王家瑛,王爱兰主编.1994.医学有机化学实验.武汉:湖北科学技术出版社

邢其毅,徐瑞秋,周政等主编.1994.基础有机化学.北京:高等教育出版社

余瑜,尚京川主编.2008.医用化学实验.北京:科学出版社

曾昭琼主编.1983.有机化学实验.北京:人民教育出版社

赵建庄,符史良主编.2007.有机化学实验.北京:高等教育出版社

周科衍,吕俊民主编.1997.有机化学实验.第2版.北京:高等教育出版社

周志高,初玉霞主编.2003.有机化学实验.北京:化学工业出版社

朱红军主编.2001.有机化学微型实验.北京:化学工业出版社

附　　录

附录一　某些有机化合物的物理常数(20℃)

名称	密度	熔点℃	沸点℃	折光率	溶解度(g/100ml)		
					水	醇	醚
四氯化碳	1.594	−22.96	76.8	1.4607	0.08	混溶	混溶
氯仿	1.4862	−63.5	61.2	1.4476	0.82	混溶	混溶
苯	0.879	5.5	80.1	1.5016(29℃)	0.07	混溶	混溶
甲苯	0.866	−95	110.6	1.4893(24℃)	不溶	混溶	混溶
甲醇	0.792	−97.8	64.7	1.329	混溶	混溶	混溶
乙醇	0.789	−114.5	78.4	1.3610	混溶	混溶	混溶
异丙醇	0.785	−89.5	82.4	1.3772	混溶	混溶	混溶
丁醇	0.810	−89.8	118.0	1.3993	9(13℃)	混溶	混溶
苯甲酸	1.045	−15.2	205.4	1.5396	4(17℃)	混溶	混溶
甘油(丙三醇)	1.261	18.2	290	1.4764	混溶	混溶	不溶
苯酚	1.076	40.9	181.8	1.5418(41℃)	8.2(15℃)	混溶	混溶
乙醚	0.7134	−116.3	34.6	1.3526	7.5	混溶	混溶
甲醛	0.815(−20℃)	−92	−21	1.7346(37%)	易溶	易溶	易溶
乙醛	0.783(18℃)	−123.5	20.2	1.3716(40℃)	混溶	混溶	混溶
丙酮	0.791	−94.8	56.2	1.3585	混溶	混溶	混溶
甲酸	1.220	8.40	100.8	1.3714	混溶	混溶	混溶
草酸	1.650	186～7(分解)	157 升华		10;120(100℃)	24(15℃)	1.3(15℃)
苯甲酸	1.316(28℃)	122.4	249;100 升华	1.504(132℃)	0.21(17.5℃)	易溶	易溶
水杨酸	1.443	159	211	1.565	微溶	易溶	易溶
乙酐	1.081	−73	140.0	1.3904	12(冷);(热分解)	混溶(热分解)	混溶
乙酸乙酯	0.901	−83.6	77.2	1.3723	8.5(15℃)	混溶	混溶
乙酰水杨酸	1.35	135(分解)			微溶	易溶	易溶
乙酰乙酸乙酯	1.025	−45	180.4	1.4194	13(17℃)	混溶	混溶
水杨酸甲酯	1.1738	−8.6	223.3	1.5369	微溶	易溶	易溶
苯胺	1.022	−6.1	184.4	1.5863	3.6(18℃)	混溶	混溶
尿素	1.323	135		1.484	易溶	易溶	不溶
乙酰苯胺	1.219(15℃)	133～4	305		0.46;3.5(80℃);5.5(100℃)	21(00℃);46(60℃)	7(25℃)

附录二　常用的酸和碱

溶液	相对密度	质量分数%	mol/L	g/100ml
浓盐酸	1.19	37	12.0	44.0
恒沸点盐酸(252ml 浓盐酸＋200ml 水,恒沸点 110℃)	1.10	20.2	6.1	22.2
10%盐酸(100ml 浓盐酸＋321ml 水)	1.05	10	2.9	10.5
5%盐酸(50ml 浓盐酸＋38.05ml 水)	1.03	5	1.4	5.2
1mol/L 盐酸(41.5ml 浓盐酸稀释到 500ml)	1.02	3.6	1	3.6
恒沸点氢溴酸(沸点 126℃)	1.49	47.5	8.8	70.7
恒沸点氢碘酸(沸点 127℃)	1.7	57	7.6	97
浓硫酸	1.84	96	18	177
10%硫酸(25ml 硫酸＋398ml 水)	1.07	10	1.1	10.7
0.5mol/L 硫酸(13.9ml 浓硫酸稀释到 500ml)	1.03	4.7	0.5	4.9
浓硝酸	1.42	71	16	101
10%氢氧化钠	1.11	10	2.8	11.1
浓氨水	0.9	28.4	15	25.9

附录三　常用试剂的配制

1. 2,4-二硝基苯肼溶液

Ⅰ. 在15ml浓硫酸中,溶解3克2,4-二硝基苯肼。另在70ml 95%乙醇溶液里加20ml水。然后把硫酸苯肼倒入稀乙醇溶液中,搅动混合均匀即成橙红色溶液(若有沉淀应过滤)。

Ⅱ. 将1.2克2,4-二硝基苯肼溶于50ml 30%高氯酸溶液中,配好后储于棕色瓶中,不易变质。

Ⅰ法配制的试剂-2,4-二硝基苯肼浓度较大,反应时沉淀多便于观察;Ⅱ法配制的试剂由于高氯酸盐在水中溶解度很大,因此便于检验水中醛且较稳定,长期贮存不易变质。

2. 卢卡斯(Lucas)试剂

将34克无水氯化锌在蒸发皿中强热熔融,稍冷后放在干燥器中冷至室温,取出捣碎,溶于23ml浓盐酸中(比重1.187)。配制时须加以搅动,并把容器放在冰水浴中冷却,以防氯化氢逸出。此试剂一般是临用时配制。

3. 托伦(Tollen)试剂

Ⅰ. 取0.5ml 10%硝酸银溶液于试管里,滴加氨水,开始出现黑色沉淀。再继续滴加氨水,边滴边摇动试管,滴到沉淀刚好溶解为止,得澄清的硝酸银氨水溶液,即托伦试剂。

Ⅱ. 取一支干净试管,加入1ml 5%硝酸银溶液,滴加5%氢氧化钠溶液2滴,产生沉淀。然后滴加5%氨水溶液,边摇边滴加,直到沉淀消失为止,此为托伦试剂。

无论Ⅰ法或Ⅱ法,氨的量不宜多,否则会影响试剂的灵敏度。Ⅰ法配制的托伦试剂较Ⅱ法配制的碱性弱,在进行糖类试验时,用Ⅰ法配制的试剂较好。

4. 谢里瓦诺夫(Seliwanoff)试剂

将0.05克m-苯二酚溶于50ml浓盐酸中,再用蒸馏水稀释至100ml。

5. 希夫(Schiff)试剂

在100ml热水中溶解0.2克品红盐酸盐,放置冷却后,加入2克亚硫酸氢钠和2ml浓盐酸,再用蒸馏水稀释至200ml,或先配制10ml二氧化硫的饱和水溶液,冷却后加入0.2克品红盐酸盐,溶解后放置数小时使溶液变成无色或淡黄色,用蒸馏水稀释至200ml。

此外,也可将0.5克品红盐酸盐溶于100ml热水中,冷却后用二氧化硫气体饱和至粉红色消失,加入0.5克活性碳,振荡过滤,再用蒸馏水稀释至500ml。

本试剂所用的品红是假洋红(Para-Rosanilne或Para-Fuchsin),此物与洋红(Rosaniline或Fuchsin)不同。希夫试剂应密封贮存在暗冷处,倘若受热或见光,或露置空气中过久,试剂中的二氧化硫易失,结果又显桃红色。遇此情况,应再通入二氧化硫,使颜色消失后使用。但应指出,试剂中过量的二氧化硫越少,反应就越灵敏。

6. 0.1%茚三酮溶液

将0.1克茚三酮溶于124.9ml 95%乙醇溶液中,用时新配。

7. 饱和亚硫酸氢钠

先配制40%亚硫酸氢钠水溶液,然后在每100ml的40%亚硫酸氢钠水溶液中,加不含醛的无水乙醇25ml,溶液呈透明清亮状。由于亚硫酸氢钠久置后易失去二氧化硫而变质,所以上述溶液也可按下法配制:将研细的碳酸钠晶体($Na_2CO_3 \cdot 10H_2O$)与水混合,水的用量使粉末上只覆盖一薄层水为宜。然后在混合物中通入二氧化硫气体，至碳酸钠近乎完全溶解，或将二氧化硫通入 1 份碳酸钠与 3 份水的混合物中，至碳酸钠全部溶解为止，配制好后密封放置，但不可放置太久，最好是用时新配。

8. 饱和溴水

溶解 15 克溴化钾于 100ml 水中，加入 10 克溴，振荡即成。

9. 莫利许(Molish)试剂

将 α-萘酚 2 克溶于 20ml 95%乙醇溶液中，用 95%乙醇溶液稀释至 100ml，贮于棕色瓶中。一般用前配制。

10. 盐酸苯肼-乙酸钠溶液

将 5 克盐酸苯肼溶于 100ml 水中，必要时可加微热助溶，如果溶液呈深色，加活性炭共热，过滤后加 9 克乙酸钠晶体或用相同量的无水乙酸钠，搅拌使之溶解，贮于棕色瓶中。

11. 班氏(Benedict)试剂

把 4.3 克研细的硫酸铜溶于 25ml 热水中，待冷却后用水稀释至 40ml。另把 43 克枸橼酸钠及 25 克无水碳酸钠(若用有结晶水的碳酸钠，则取量应按比例计算)溶于 150ml 水中，加热溶解，待溶液冷却后，再加入上面所配的硫酸铜溶液。加水稀释至 250ml。将试剂贮于试剂瓶中，瓶口用橡皮塞塞紧。

12. 淀粉碘化钾试纸

取 3 克可溶性淀粉加入 25ml 水，搅匀，倾入 225ml 沸水中，再加入 1 克碘化钾及 1 克结晶硫酸钠，用水稀释到 500ml。将滤纸片(条)浸渍，取出晾干，密封备用。

13. 蛋白质溶液

取新鲜鸡蛋清 50ml，加蒸馏水至 1000ml，搅拌溶解。如果混浊，滴加 5%氢氧化钠溶液至刚清亮为止。

14. 10%淀粉溶液

将 1 克可溶性淀粉溶于 5ml 冷蒸馏水中，用力搅成稀浆状，然后倒入 94ml 沸水中，即得近于透明的胶体溶液，放冷使用。

15. β-萘酚碱溶液

取 4 克 β-萘酚溶于 40ml 5%氢氧化钠溶液中。

16. 斐林(Fehling)试剂

斐林试剂由斐林试剂 A 和斐林试剂 B 组成，使用时将两者等体积混合，其配法分别是：

斐林 A：将 3.5 克含有五个结晶水的硫酸铜溶于 100ml 的水中，即得淡蓝色的斐林 A 试剂。

斐林 B：将 17 克含有五个结晶水的酒石酸钾钠溶于 20ml 热水中，然后加入含有 5 克氢氧化钠的水溶液 20ml，稀释至 100ml 即得无色清亮的斐林 B 试剂。

17. 碘溶液

Ⅰ. 将 20 克碘化钾溶于 100ml 蒸馏水中，然后加入 10 克研细的碘粉，搅动使其全溶呈深红色溶液。

Ⅱ. 将 1 克碘化钾溶于 100ml 蒸馏水中，然后加入 0.5 克碘，加热溶解即深红色清亮溶液。

附录四　常用干燥剂的性能与应用范围

名称	吸水作用	吸水容量	干燥效能	干燥速度	应用范围
氯化钙	形成 $CaCl_2 \cdot nH_2O$ n=1,2,4,6	0.97 按 $CaCl_2 \cdot 6H_2O$ 计	中等	较快，但吸水后表面被薄层液体所盖，故放置时间要长些为宜	能与醇、酚、胺、酰胺及某些醛、酮形成络合物，故不能用来干燥这些化合物，工业品中可能含氢氧化钙和碱或氧化钙，故不能用来干燥酸
硫酸镁	形成 $MgSO_4 \cdot nH_2O$ n=1,2,4,5,6,7	1.05 按 $MgSO_4 \cdot 7H_2O$ 计	较弱	较快	中性，应用范围广，可代替 $CaCl_2$ 并可用以干燥酯、醛、酮、腈、酰胺等不能用 $CaCl_2$ 干燥的化合物
硫酸钠	$Na_2SO_4 \cdot 10H_2O$	1.25	弱	缓慢	中性，一般用于有机液体的初步干燥
硫酸钙	$2CaSO_4 \cdot H_2O$	0.06	强	快	中性，常与硫酸镁(钠)配合，做最后的干燥之用
碳酸钾	$K_2CO_2 \cdot 1/2H_2O$	0.2	较弱	慢	弱碱性，用于干燥醇、酮、酯、胺及杂环等碱性化合物，不适于酸、酚及其他酸性化合物
氢氧化钠(钾)	溶于水	—	中等	快	强碱性，用于干燥胺、杂环等碱性化合物，不能用于干燥醇、酯、醛、酮、酸、酚等
金属钠	$Na+H_2O \rightarrow NaOH+1/2H_2$	—	强	快	限于干燥醚、烃类中痕量水分，用时切成小块或压成钠丝
氧化钙	$CaO+H_2O \rightarrow Ca(OH)_2$	—	强	较快	适于干燥低级醇类
五氧化二磷	$P_2O_5+3H_2O \rightarrow 2H_3PO_4$	—	强	快，但吸水后表面为黏浆液覆盖，操作不便	适于干燥醚、烃、卤代烃、腈等中的痕量水分。不适用于醇、酸、胺、酮等
分子筛	物理吸附	约 0.25	强	快	适用于各类有机化合物的干燥

附录五　常用洗涤液的配制

名称	配置方法	备注
铬酸洗液	在粗天平上称取研细了的重铬酸钾 20 克，放入 500 毫升烧杯中，加水 40 毫升，并加热溶解。待溶解后，冷却，再慢慢加入 350 毫升粗浓硫酸即成(加酸时应边加边搅拌)	配好的洗液应为深褐色，贮存于细口瓶中备用。经多次使用失效后，可加适量高锰酸钾再生。用时应防止被水稀释
氢氧化钠的高锰酸钾洗涤液	在粗天秤上称取高锰酸钾 4 克，溶于少量水中，向该溶液中慢慢加入 100 毫升 10%的氢氧化钠溶液	该洗液用于洗涤油腻及有机物
硝酸洗液	56 毫升浓硝酸慢慢加到 500 毫升水中	宜除去铝和搪瓷器中的沉垢
碱洗液	(1) 40 克氢氧化钠溶于 100 毫升水中 (2) 将氢氧化钠溶于 95%工业乙醇制成饱和溶液	宜用于被油脂弄脏的器皿

附录六　元素的相对原子质量

原子序数	元素名称	元素符号	相对原子质量	原子序数	元素名称	元素符号	相对原子质量
1	氢	H	1.007 94(7)	36	氪	Kr	83.798(2)
2	氦	He	4.002 602(2)	37	铷	Rb	85.467 8(3)
3	锂	Li	6.941(2)	38	锶	Sr	87.62(1)
4	铍	Be	9.012 182(3)	39	钇	Y	88.905 85(2)
5	硼	B	10.811(7)	40	锆	Zr	91.224(2)
6	碳	C	12.017(8)	41	铌	Nb	92.906 38(2)
7	氮	N	14.006 7(2)	42	钼	Mo	95.94(2)
8	氧	O	15.999 4(3)	43	锝	Tc	(97.9072)
9	氟	F	18.998 403 2(5)	44	钌	Ru	101.07(2)
10	氖	Ne	20.179 7(6)	45	铑	Rh	102.905 50(2)
11	钠	Na	22.989 769 28(2)	46	钯	Pd	106.42(1)
12	镁	Mg	24.605 0(6)	47	银	Ag	107.868 2(2)
13	铝	Al	26.981 538 6(8)	48	镉	Cd	112.411(8)
14	硅	Si	28.085 5(3)	49	铟	In	114.818(3)
15	磷	P	30.973 762(2)	50	锡	Sn	118.710(7)
16	硫	S	32.065(5)	51	锑	Sb	121.760(1)
17	氯	Cl	35.453(2)	52	碲	Te	127.60(3)
18	氩	Ar	39.948(1)	53	碘	I	126.904 47(3)
19	钾	K	39.098 3(1)	54	氙	Xe	131.293(6)
20	钙	Ca	40.078(4)	55	铯	Cs	132.905 451 9(2)
21	钪	Sc	44.955 912(6)	56	钡	Ba	137.327(7)
22	钛	Ti	47.867(1)	57	镧	La	138.905 47(7)
23	钒	V	50.941 5(1)	58	铈	Ce	140.116(1)
24	铬	Cr	51.996 1(6)	59	镨	Pr	140.907 65(2)
25	锰	Mn	54.938 045(5)	60	钕	Nd	144.242(3)
26	铁	Fe	55.845(2)	61	钷	Pm	(145)
27	钴	Co	58.933 195(5)	62	钐	Sm	150.36(2)
28	镍	Ni	58.693 4(2)	63	铕	Eu	151.964(1)
29	铜	Cu	63.546(3)	64	钆	Gd	157.25(3)
30	锌	Zn	65.409(4)	65	铽	Tb	158.925 35(2)
31	镓	Ga	69.723(1)	66	镝	Dy	162.500(1)
32	锗	Ge	72.64(1)	67	钬	Ho	164.930 32(2)
33	砷	As	74.921 60(2)	68	铒	Er	167.259(3)
34	硒	Se	78.96	69	铥	Tm	168.934 21(2)
35	溴	Br	79.904(1)	70	镱	Yb	173.04(3)

续表

原子序数	元素名称	元素符号	相对原子质量	原子序数	元素名称	元素符号	相对原子质量
71	镥	Lu	174.967(1)	95	镅	Am	(243)
72	铪	Hf	178.49(2)	96	锔	Cm	(247)
73	钽	Ta	180.947 88(2)	97	锫	Bk	(247)
74	钨	W	183.84(1)	98	锎	Cf	(251)
75	铼	Re	186.207(1)	99	锿	Es	(252)
76	锇	Os	190.23(3)	100	镄	Fm	(257)
77	铱	Ir	192.217(3)	101	钔	Md	(258)
78	铂	Pt	195.084(9)	102	锘	No	(259)
79	金	Au	196.966 569(4)	103	铹	Lr	(262)
80	汞	Hg	200.59(2)	104	𬬻	Rf	(261)
81	铊	Tl	204.383 3(2)	105	𬭊	Db	(262)
82	铅	Pb	207.2(1)	106	𬭳	Sg	(266)
83	铋	Bi	208.980 40(1)	107	𬭛	Bh	(264)
84	钋	Po	(208.982 4)	108	𬭶	Hs	(277)
85	砹	At	(209.987 1)	109	鿏	Mt	(268)
86	氡	Rn	(222.017 6)	110	𫟼	Ds(271)	
87	钫	fR	(223)	111	𬬭	Rg(272)	
88	镭	Re	(226)	112		Uub	(285)
89	锕	Ac	(227)	113		Uut	(284)
90	钍	Th	232.038 06(2)	114		Uuq	(289)
91	镤	Pa	231.035 91(3)	115		Uup	(288)
92	铀	U	238.028 91(3)	116		Uuh	(292)
93	镎	Np	(237)	117		Uus	(291)
94	钚	Pu	(244)	118		Uuo	(293)

注：本表数据源自 2005 年 IUPAC 元素周期表(IUPAC2005standardatomicweights)，以^{12}C=12 为标准

本表方括号内的原子质量为放射性元素的半衰期最长的同位素质量数

相对原子质量末位数的不确定性加注在其后的括号内

112～118 号元素数据末被 IUPAC 确定